できる人の読書術

堀紘一

ダイヤモンド社

最強・最短の自己投資は
「読書」である

はじめに

私は自他ともに認める読書好きだ。だから、以前にも読書術の本を著したことがある。今回の本も、それと同じく読書術がテーマになっている。

種明かしをすると、2冊の本の担当編集者は同じ男である。

「編集者になったのは、堀先生とお仕事がしたかったからです」と公言して憚《はばか》らない男だ。それがどこまで本当なのか、私にはわからない。

この男は、前回読書術を上梓した出版社を辞めて、違う出版社に転職したらしい。いまどきは、どの業界でも転職が当たり前になっている。

そして転職先の出版社で初めて出した企画が、私の読書術の本だという。彼の企画書は編集会議を無事に通り、いの一番に私のところへやってきた。

「先生の読書術の本をまた出したいと思います。ぜひお願いします!」

そう懇願《こんがん》されて、私は正直少し戸惑った。

「前著で言いたいことはあらかた書いている。二番煎じにするわけにはいかないし、かといって、まるきり新しい話をするわけにもいかない。これは一筋縄ではいかないぞ」と思ったからである。

しかし、この男と話をしているうちに、突破口が見えてきた。

物事は「どういう角度から見るか」と「どこまで深く考えるか」で、景色がガラリと変わる。それは読書に限らず、すべてにおいて言える。その突破口を足がかりに、依頼に応えて読書術の本を著すことにした。

今回は角度を変えて、未来志向で読書術を掘り下げてみる。

具体的には、**AI（人工知能）が、生活にもビジネスの世界にも、現在以上により深く浸透するようになる近未来を想定した読書術だ。**

このところテレビCMでも頻繁に見かけるようになった自動車の自動運転技術や、音声で情報の検索や家電の操作を行うスマートスピーカーの根幹には、AIがある。自動運転もスマートスピーカーも、便利には違いない。しかし、AIが想像を超えるスピードで進化を続けると、ビジネス環境はすっかり様変わりする。

少し前までビジネスパーソンに欠かせない3本柱は、「英語」「ITスキル」「金融リテラシー」とされてきた。だがAI時代には、この3本柱があっても、優秀な人材として正当な評価を得られなくなる。

英語もＩＴスキルも金融リテラシーも、ＡＩが肩代わりできるからだ。時間をかけて習得した知見が、一夜にして陳腐化する恐れさえある。

近い将来、汎用型ＡＩの能力は人間に肉薄し、多くの仕事がＡＩとロボットという組み合わせに奪われるという悲観的な予測もある。そう聞くと、絶望的にもなる。

その絶望の底から救ってくれるのが、他ならぬ読書なのだ。

本編で詳しく語るように、ＡＩはディープラーニング（深層学習）という技術で進化してきた。ディープラーニングは、人間の学習法、つまり読書を真似たものだ。

読書を習慣にしていると、ディープラーニングを繰り返すことでＡＩが賢くなるように、ビジネスパーソンも二流から一流へ、そして一流から超一流へと自らを成長させられる。

加えてＡＩ時代には、これまで以上に人間らしさが重視される。それがＡＩには逆立ちしても得られない素養だからだ。

読書は人間に関する理解を深めるから、厳しい時代をサバイブしようとするビジネスパーソンにとって、ＡＩ全盛時代の差別化ポイントになる。

さきほど未来志向の読書術だと宣言したが、だからといって過去に出版された私の読書本と完全に断絶しているわけではない。私はつねに本質しか書かないから、共通する部分は、きちんと伝えていきたい。

本質とは、時代が変わっても色あせない物事のエッセンスである。

したがって、哲学書の重要性、平時の読書法と戦時の読書法、クリスタライズ（結晶化）、インプットとアウトプット、学歴より学習歴といった内容に関してきちんと伝えていく。

本が売れない時代だという。街角からリアル書店が次々と姿を消してしまい、経営的に危機を迎えている出版社も少なくないと聞く。

そんな時代に逆行するような本だが、本書が読書の価値にあらためて目を向けるきっかけとなれば幸いである。

できる人の読書術　目次

第1章 二流から一流へ 成長する読書術

第2章

AI時代を生き抜くための読書術

第3章 ほしいと思われる人材になる読書術

第4章

読書力を引き上げるコツ

第5章 読書こそが私という人間を作ってくれた

第1章

二流から一流へ成長する読書術

一流と超一流の差は「洞察力」のあるなし

この本には『できる人の読書術』というタイトルがついている。しかし本書では、「できる人」や「一流」にとどまらず、「超一流」まで到達できる方法を述べたい。ならば超一流とは、一体どんな人物なのかを初めに定義しておくべきだろう。

その前にまずは一流と二流の区別からしておこう。

二流と一流の差は、「教養《きょうよう》」があるかどうかにある。二流には、にわか仕込みの知識はあったとしても、それが教養のレベルまで昇華《しょうか》されていない。

世の中には知識をあり余るほど蓄えているのに、教養が乏しい人がとても多い。テレビのクイズ番組で全問正解する物知りが、必ずしも教養があるとは言えない。

次に一流と超一流の差はどこにあるのか。それは「洞察力《どうさつ》」があるかないかにある。

いまの一流の人間に欠けている能力は、この洞察力だと私は思っている。

どんな勉強家でも読書家でも、洞察力がなければ〝一流止まり〟である。勉強家で読書家で、そのうえに洞察力があれば、超一流の仲間入りが叶《かな》うのだ。

終身雇用と年功序列を基盤とするバブル期までの日本企業なら、教養に乏しい二流のビジネスパーソン（その頃の言い方でいうとサラリーマン）でも、騙《だま》し騙し何とかやっていけた。日本企業にも、まだ二流を雇《やと》っておけるだけの体力があったからだ。

しかし、２００８年のリーマンショック以降、日本企業には基礎的な体力がなくなり、教養を持たない二流の人材はリストラの憂《う》き目と背中合わせになっている。

いまはまだ現状維持できているとしても、さまざまなことが短期間で目まぐるしく変化しているこの時代、ほんの数年後でもわかったものではない。二流のままでは、リストラされても、次の転職先を見つけるのは容易ではないだろう。

二流から一流へと成長し、さらに高い洞察力を持つ超一流の人材は、高く評価されるからこそ出世もするし、年収もアップする。

たとえ転職したとしても引く手数多《あまた》だから、おそらく一生喰《く》うに困らない。

何にせよ、目標を持つのは、大事な初めの一歩である。

だが、自分の立ち位置も定まらないうちに、何が何でも超一流のビジネスパーソンになるという目標を掲げるのは、焦《あせ》りすぎだ。

私は、どのような仕事においても、何よりも大切なのは「謙虚《けんきょ》さ」だと思う。

謙虚であれば、他人の意見やアイデアに素直に耳を傾けられるから、自分一人では決して得られないような学びにつながりやすい。

謙虚に我が身を振り返ってみれば、唐突に超一流を目指すと宣言するだけの土台が、自らにないと自覚できるだろう（すでに超一流を自覚している人間は『できる人の読書術』といった類《たぐ》いの本を読むとは思えない）。

逆説的にいうなら、**謙虚さを持っている人だけが、一流から超一流へとジャンプアップできる。**謙虚になれず、自分を知らない人間に、成長は望めないのである。

教養を身につけるには黙って本を読みなさい

二流から一流に脱皮するために求められるのは「教養」だと言った。まずは、そこから掘り下げていこう。

かつて教養を学ぶのは、支配階級の特権であった。ごく一握りの人間たちが、古典を解釈する「文献学」などを極めていた。

教養とは何か。ひと言で答えるのは難しい問いだが、あえて言うなら、「知識」から絞り出される「知恵」のようなものだ。知恵とは、物事の本質を見通して分析する能力。教養とは、幅広い知識を自分なりに知恵として昇華させたものである。

英語で知恵は「wisdom《ウィズダム》」、知識は「knowledge《ナレッジ》」という。

知識がないと知恵は出てこないが、知識があるからといって必ずしも知恵が出てくるわけではない。そこが教養の難しいところである。

中世末期以降のイギリスでは、地位と財産、それに教養を持つ有閑層《ゆうかん》は「ジェントルマン」と呼ばれていた。一流と呼んで差し支えない存在である。

その頃のイギリス国王ジェイムズ1世に、伝手《つて》をたどって謁見《えっけん》したある人間が、「うちの息子をジェントルマンにしてください」と頼んだという逸話がある。

それを聞いてジェイムズ1世は、こう答えたそうだ。

「貴族にすることはできるが、ジェントルマンにすることは神にもできない」

つまり、貴族のように地位と財産があっても、教養がなければ、神に近い存在である王様でもジェントルマンにはできないと諭《さと》したのである。

現代でも、教養を最短距離で手っ取り早くマスターする方法はない。それだけは、はっきりと断言できる。

なぜなら教養とは、曲がりくねった山道をさんざん回り道しながら、気がついたら備わっていたという類いの素養だからである。短時間で教養を得たいという態度が、根本的に間違っている。

「では、教養を身につけるにはどうしたらいいのですか？」と問われたら、私は迷いなく「黙って本をお読みなさい」と答える。

書物に真正面から向き合うと、本は1日に何冊も読めるものではない。斜め読みや速読では、読書の価値は半減どころかゼロに等しい。

それをもどかしく感じる人もいるだろうが、そこで焦ってはいけないのだ。日々の積み重ねで読書を続けるうちに、いつの間にか教養は涵養《かんよう》される。

物心がついた頃からパソコンとインターネットが存在していたデジタルネイティブの世代は、何にしても疑問を持ったらスマホで検索すれば、すぐに答えが出てくるのが当たり前という前提で生きている。

検索エンジンにキーワードを打ち込めば、目にもとまらぬスピードで検索結果を表示してくれる。そこから気になるサイトをクリックしてコンテンツを読めば、最低限の知識は得られる。

検索エンジンのスピード感で生きていると、1冊の書物を1週間かけて慈《いつく》しむように読むといったスピード感は、恐ろしくスローテンポでアナログに思えるだろう。しかし、そのスローテンポにこそ、意味があるのだ。

ネット時代のスピード感は、人間の感覚からは大きくかけ離れている。スピード重視で培った一夜漬けの知識は、インスタントでその場限りのものだ。

検索結果に満足して、その日のうちに忘れてしまうから、蓄積して教養へと深化するだけの時間的な余裕がない。

それに比べると、**読書を通した知識の蓄積は、極めてスローテンポである。インスタントコーヒーと違って、美味しいドリップコーヒーの抽出《ちゅうしゅつ》には時間を要するように、知識を教養へと昇華させるには、それなりの時間がいる。読書は、その機会を与えてくれるのだ。**


かといって書斎に閉じこもり、ただ書物を読むだけでは、教養はものにならない。

美術館で絵画を観たり、音楽会で生の音楽を聴いたりするのもいい。あるいは、新しいスポットや飲食店に足を運び、刺激を受けることも大切だ。

さらには教養のある知人と深く話し合い、広範な話題について語り合うのも、教養を高めるにはとても重要だ。

頭でっかちでは、教養が発揮するパワーは限られる。読書に加えて、こうしたアクションを起こすと、教養は深化していくのである。

「洞察力」とは深く鋭く見抜く力

二流と一流の違いを生む「教養」は、読書で得られる。そう聞くと、多くの人は納得するだろう。では、一流と超一流の違いを生む「洞察力」は、一体全体、どうすれば得られるのか。それも、やはり読書なのか。

結論を急ぐ前に、洞察力とは何か、なぜ重要なのかを考えていこう。

洞察力は、英語で「insight《インサイト》」という。

洞察力と似た言葉に「観察力」がある。しかし、観察力と洞察力は似て非なる言葉だ。観察力は、目で見える部分をよく見て理解すること。洞察力は、そこからもう一段階、知的に深い作業であり、観察しただけでは見えないものを、直感的に深く鋭く見抜く力だ。

洞察力のバックグラウンドにあるのは、見識であり、知恵であり、教養である。

ビジネスの世界では、洞察力がないと話にならない。時代の流れを読めなければ、国際的な競争にも勝てないし、利潤の追求もおぼつかない。

日本企業でも、世界的に成功しているところは、優れた洞察力を持つリーダーが必ず存在する。国際競争に競り勝つには、かくも洞察力が不可欠なのだ。

それと比べて日本のいまの政治家には、洞察力が決定的に欠如《けつじょ》している。なぜなら政治家には、国際競争が存在しないからだ。

政治家の選挙はどう広く考えても、基本的に都道府県単位での競争でしかない。それが余計、国際的視野を持つ政治家が出てこない理由になっている。

100％あり得ない話ではあるが、フランスのエマニュエル・マクロン大統領やカナダのジャスティン・トルドー首相のような洞察力に優れた海外の政治家が、「日本のリーダーになってもいいよ」と手を挙げたとしたら、競争力のない日本の政治家たちは誰一人として太刀打ちできないだろう。

政治はともかく、つねに苛烈《かれつ》な国際的競争に晒《さら》されているビジネスの世界では、変化のスピードは、さらに目まぐるしくなる。

変化が日常化した環境下でビジネスを成功させるには、洞察力は絶対に欠かせない。その意味では、**これからの時代は超一流でなければ生き残れない。二流は言うに及ばず、洞察力に乏しい一流のままでは、仕事がなくなっても文句は言えない。**

たとえば、20世紀までの自動車は例外なく4輪で内燃機関のエンジンを積んでいるのが常識だった。現在では内燃機関のエンジンの代わりに、ハイブリッドエンジンを積んで走っている自動車が増えてきた。

それどころか、EV（電気自動車）が積んでいるのは、エンジンではなくモーターである。将来的には次世代の移動手段として、数人が乗って空も飛べる「空飛ぶ車」（スカイ・カー）が登場する日も近いという。

そうなってくると、4輪で内燃機関のエンジンを積んでいる時代に世界を席巻《せっけん》したトヨタやホンダといった日本企業が生き残れるかどうかは、彼らが自動車の未来図をどう描けるかという洞察力の勝負になってくる。

人材と同じように、洞察力のない企業はせいぜい一流止まりであり、超一流同士がしのぎを削るグローバルマーケットからの退場を余儀なくされる。

3次元的な批判的読書で「考える力」を養う

一流が洞察力を体得して、超一流へと羽ばたくにはどうしたらいいのか。そこにも、やはり近道はない。地道な読書こそが、唯一の道である。

ただし、読書で洞察力を磨くには、それなりの読み方がある。著者の考えや体験を、そのまま無条件に鵜呑《うの》みにするのではなく、自らの考えや知見《ちけん》と照らし合わせながら、批判的に読んでみることだ。

GPSは、地球を巡っている複数の衛星からの情報を統合して、3次元的に位置を定めている。同じように、1つの事柄を著者と自らという2つの軸で追究するうちに、それまで見えなかったものが見えるようになり、洞察力へとつながる。

洞察力の礎《いしずえ》となるのは「考える力」である。そして、読書の最大の効用は、この考える力が高められる点にある。

本は考えながら読まないと、頭に入ってこない。本は情報や単語の単なる集まりではなく、文脈に即して読み解くうちに意味を結んでくる。だからこそ、考える力が養われるし、批判的に読み進めると、洞察力もアップしてくる。

読書をインターネットと同じように、単に情報や知識を得るための手段だと勘違いしている人も少なくない。挙げ句の果てに、ネットならすぐに情報が得られるのに、本だと時間がかかるので非効率だと否定する。とんでもない勘違いだ。

いくらネット検索をしてみても、情報や知識が手っ取り早く得られるだけで、いつまで経っても考える力は養われない。

その昔は、物知りで〝歩く百科事典〟などと呼ばれる人が、周囲に1人か2人はいたものだ。

打てば響《ひび》くように何でも答えてくれるから、歩く百科事典は、みんなからありがたがられた。現代ではネットが普及して、検索エンジンで気になるワードを検索すれば、情報や知識だけなら一瞬で得られてしまう。

そのため、歩く百科事典の価値は大暴落して、その言葉自体が死語になってしまった。いまさら情報や知識の量を誇っても仕方がない。

ネットの検索エンジンは、見方を変えると電子化された巨大な辞書や百科事典のようなものだ。辞書や百科事典を「あ」の項目から順番に読んでも、賢くなったり、ものを考える力が高まったりはしない。せいぜい博覧強記《はくらんきょうき》になるくらいのものだ。

それと同じで、ネット検索で情報や知識を得て満足しているようでは、二流止まりなのである。

検索エンジンで検索した情報に目を通して、そこで気になるワードをまた検索エンジンに入れて検索する……。そんなネットサーフィンをしているうちに、時間はあっという間にすぎてしまう。

ネットサーフィンに費やしている時間は、1日平均60分という報告もある。そんな時間があったら、読書をしたほうが自分のためだ。

ネット検索が止められない人は、意図的に〝ネット断ち〟をする時間を設けてはどうか。朝起きて会社に着くまで、あるいは夕食後は最低限のメール以外はインターネットを使わず、ネット検索もしないと決める。

そうして生まれた時間を読書にあてると、文庫本や新書ならば数日に1冊くらいは読めてしまう。

ネット断ちとネット検索NGの日を週に3回も設けたら、それだけで月3〜4冊ペースで読書ができる。その習慣は、考える力と洞察力を確実に引き上げるのだ。

自分自身を疑う習慣を身につける

少なくともこの本を手にしてくれた人は、本を読んで自らを変えたいと思っているのだから、いつまでも二流であるわけがない。

読書をしたいという意志はあるわけだから、知識を蒸留《じょうりゅう》して知恵と教養を会得《えとく》し、一流になる準備はできているはずである。

知恵と教養はあるのに、洞察力がない。そういう人が、読書以外で一流から超一流にジャンプアップする方法が他に何かあるのか。

1つだけ挙げるとしたら、**それは「自分自身を疑う」ということだ。**

誰しも、自分のやっていることは正しいと思いたい。しかし耳を澄《す》ましてみると、心のどこかから「これで本当にいいのか？」という囁《ささや》き声がかすかに聞こえてくる。

通常はそうした囁き声を無視してしまうが、「これで本当にいいのか？」という良心の囁きに耳を傾けて自らを問い直すのは、一流が超一流へ脱皮する貴重なきっかけとなる。

自らを疑うのは難しい。多くの人は、自分はつねに正しいという近視眼《きんしがん》的なバイアスがかかり、眼鏡が曇《くも》っているからである。

自らを見つめ直すために坐禅《ざぜん》を組んだり、冷たい滝に打たれたり、荒行をしたりする人もいる。

私はいずれも試したことがないから善し悪しを判定する立場にはないが、もっと簡単な方法がある。

近視眼的バイアスが避けられないときは、気の置けない友人に「私という人間に足りないところ、偏《かたよ》りがあるところはどこだと思う？」と素直に聞いてみるのだ。「ビールでも奢《おご》るから、ちょっと時間をくれよ」と誘い、忌憚《きたん》ない意見に耳を傾ける。

耳の痛いことを言ってくれるのが、本当の友人である。そういう友人に恵まれたら、自らを見つめ直す絶好のチャンスが得られる。友人の愛ある助言が得られて、自分がこれでいいと思っていたことが覆《くつがえ》る体験をすると、自らの知識や知恵に対して懐疑《かいぎ》的になれる。

批判的な読書と同じような効用が得られ、俯瞰《ふかん》して自らの足りないところを伸ばし、偏りを正そうと謙虚になれたら、血肉となった教養を洞察力として活かせるようになる可能性が高まる。

答えのないところに答えを見つけよ

私自身、自分を疑うきっかけとなった次のような体験がある。

大学卒業後、読売新聞社を経て入社した三菱商事を辞した後、私はボストン・コンサルティング・グループ（ＢＣＧ）の創業者ブルース・ヘンダーソンから、経営コンサルタントへとスカウトされてＢＣＧに入った。

ヘンダーソンは非常にクセのある人物であり、ＢＣＧのアメリカ本社でも、幹部の多くは彼を煙たがっていた。

私にとってもヘンダーソンとの付き合いは骨の折れるものであり、心が疲れて何度も投げ出しそうになった。ただ、ヘンダーソンという人間への好奇心が勝り、とくに彼の晩年は、ＢＣＧ本社の幹部の誰よりも私が身近に接するようになっていた。

あるセミナーのために来日したヘンダーソンとのやり取りは、いまでも鮮烈に覚えている。

私たちは、ゴルフ場に隣接する高級ホテルに滞在していた。ホテルのベッドで熟睡していた私は、早朝6時にヘンダーソンからの電話で叩《たた》き起こされた。

「散歩に行くから、K2（私のあだ名）もついてこい」

勝手な言い分だが、私の他に付き合う幹部はいない。

眠い目をこすりながら、誰もいないゴルフ場での散歩に嫌々付き合っていると、やがて彼は松林を歩きながら、足元に茂っている雑草を指差して問いかけた。

「K2、お前はどれが雑草で、どれが松の若木かわかるか？」

急にそう問いかけられても、私にわかるわけがない。

「わかりません」

そう答えると、ヘンダーソンは本気でムッとした。

「K2、お前はバカじゃないか。わからないのは、識別《しきべつ》能力がないからだ。じゃあ、お前は5年後の世の中がどうなっているかもわからないのか？」

そんなことを尋《たず》ねてくる。それもまた無謀《むぼう》な問いだと私には思えた。

「ええ、やはりわかりません」

素直にそう答える私に、彼は次のように畳み掛《か》ける。

「お前は本当に愚《おろ》か者だ。5年後の世の中もわからないような奴に、経営コンサルティングを頼むようなクライアントがいるとでも思っているのか？」

そう言われて、さすがに私もムッとして問い返した。

「では、お聞きします。そういうあなたには、5年後の世界が見えているのですか？」

するとヘンダーソンはこう答えた。

「もちろん見えている。よく考えてみろ。いま起こっている事柄で、5年前に影も形もなかったものがあると思うか？　たとえ商品としては出回っていなくても、研究段階では10年ほど前から存在していたものがほとんどだ。ならば、**5年後に起こることの芽はすべて、実はいま出ている。この雑草のなかで、どれが雑草のままで終わり、どれが松の木として成長するかが見分けられたら、5年後の世界が見通せるはずだ**」

これは答えのないところに答えを見つける能力を大切にせよという、ヘンダーソンならではの薫陶《くんとう》である。経営コンサルタントの仕事の多くに求められることだからだ。

雑草かどうかを見分ける能力が、世の中の未来を見極める能力につながるというのは、いささか乱暴に思えるかもしれない。

ヘンダーソンが言いたかったポイントは、「洞察力を持て」ということに尽きる。雑草をただの草としてぼんやり眺《なが》めている人間と、そこに何らかの可能性を見つけようと洞察を試みる人間とでは、長い目で見ると大きな差が開く。

ヘンダーソンとのこの朝のやり取りは、私が「洞察力」を深く考えるきっかけになり、経営コンサルタントとして独り立ちするターニングポイントとなった。

ヘンダーソンは業界の革命児だったが、不思議なことに著書は驚くほど少ない。経営コンサルタントが本に書いてあることを真に受け、そのまま実行していたら時代遅れになる恐れがある。そういう危惧《きぐ》が心のどこかにあったのだろうか。

本に書いてあることは、つねに過去である。過去からの学びは大事だが、経営コンサルタントは過去を学んだうえで、さらに未来を見通す仕事だ。経営コンサルタントが学びを本からのみ得ようとすると、時代の最先端の潮流を読み切れない。

コンサルタントだけではない。批判的な読書を心がけて洞察力を養おうとする際でも、本に書かれている内容は過去のものであるという事実は肝に銘《めい》じておきたい。

第2章

AI時代を生き抜くための読書術

読書とはディープラーニングである

近い将来、ＡＩが社会の主役に躍《おど》り出る時代がやってくる。私が創業したドリームインキュベータは、ＡＩとＩｏＴ（モノのインターネット）を得意分野としている。

これは苦肉の策から生まれた。既存の生活分野ではマッキンゼー・アンド・カンパニーやボストン・コンサルティング・グループという戦略系コンサルティングファームのほうが経験の蓄積に勝り、私の会社のような新参者は太刀打ちできない。

なにせ「知識管理」とも訳されるノレッジ・マネジメント（ＫＭ）の情報共有量がまったく違うのである。しかし、ＡＩとＩｏＴのようなこれからの世界では、われわれも業界の巨人たちとイーブンであり、決して負けていない。

ＡＩは、当初の想像を遥《はる》かに超えた長足《ちょうそく》の進化を見せている。原動力になっているのは、ディープラーニングという技術だ。

「はじめに」で述べたように、**読書もディープラーニングであり、ＡＩを進歩させたように、読書が人間を成長させる糧《かて》になると私は信じている。**

トラディショナルな読書と、最先端のイノベーションであるディープラーニングが、どう結びつくのか？　読者の頭には、クエスチョンマークが飛びまわっているかもしれない。順を追って、まずはＡＩをめぐる現状を振り返ってみよう。

囲碁やチェス、将棋といったボードゲーム（盤上ゲーム）の世界では、すでにＡＩが世界のトッププロたちを打ち負かしている。なかでも、囲碁でＡＩが人間を上回った事実は、多くの人に衝撃を与えた。

囲碁の盤面は19×19＝３６１の交点がある。そこに打つ手の選択肢は、この宇宙に存在する原子の数よりも多いとされる。いくらＡＩでも、そこから最適な手を瞬時に導き出すのは、時間的に難しいと考えられていた。

２０１６年、世界のトップ棋士を破ったのは、アメリカのＩＴ大手グーグル傘下の企業が開発した『アルファ碁』だった。その後、アルファ碁の進化版である『アルファ碁ゼロ』が登場する。続いて現れた中国のＩＴ大手テンセントが開発した囲碁ＡＩ『絶芸』も、人間を寄せつけない性能を誇っている。

このようにＡＩは、日進月歩というステレオタイプの形容が当てはまらないくらい猛烈なスピードで進化し続けている。

ＡＩの活躍の場は、囲碁やチェスといったボードゲームの世界に限られるわけではない。ボードゲームは、ＡＩにとってまさにお遊びにすぎないのだ。

この先２０４５年から50年には、汎用タイプのＡＩ（ＡＧＩ）が人間の知能を超えるシンギュラリティ（技術的特異点）を迎えると予測されている。

シンギュラリティを迎える前に、早々とＡＩに取って代わられる仕事も少なくない。それはコンピュータの登場と自動化によって、タイピストや電話交換手といった仕事が世の中から消え去ったのとまったく同じだ。古代ギリシャの歴史家、トゥキュディデスが語ったように「歴史は繰り返される」のである。

ＡＩ時代に真っ先に淘汰《とうた》されるのはタクシーやバス、トラックなどのドライバーである可能性が高い。ＡＩを活用した自動運転技術がもっと進んだら、少なくとも高速道路では運転手のいない長距離バスやトラックが走る時代になる。

信号もなく決まった軌道上を走っている地下鉄や電車、あるいは新幹線の運転手たちも自動運転技術で淘汰される日がやってくる。

私は子どもの頃、上野動物園の「おサル電車」を見てびっくりした思い出がある。なぜ猿が電車を運転できるのかと不思議に思い、オヤジに「いい加減にしろ！」と怒られるまで1時間以上、飽きもせずに眺めていた。

何のことはない、猿は先頭にちょこんと乗っているだけで自動運転していたのだ（猿が実際に操作した時代もあったそうだ）。おサル電車は、ＡＩ時代の自動車や電車を先取りしていた存在なのかもしれない。

専門職の代表格とされている公認会計士や弁護士といった仕事ですら、そう遠くない将来、ＡＩに取って代わられる蓋然性《がいぜん》が高い。

会計は厳格にルールが決まっているし、弁護士も基本的には過去の判例に基づいて弁護活動を行っている。囲碁や将棋などと同じように過去のデータが豊富で、ルール化されているものほど、ＡＩとの相性が良いため、代替《だいたい》されやすい。

経営コンサルタントだって、決して安泰とは言えない。

仮に現代日本に1万人の経営コンサルタントがいるとしたら、ＡＩが進化しても生き残れるのは、トップ１００人くらいであっても何ら不思議ではない。その他大勢は、ＡＩに職を追われても文句は言えない。

物価、金利、為替、原油価格、政治情勢などで、経営環境は刻々と変わっている。それをＡＩがすべて総合的に判断できるようになったら、その他大勢は太刀打ちできない。**生き残れるのは、経営環境を集約して最終的に「だから何？（So what?）」と**

結論づけて、責任を取れる立場のコンサルタントたちである。ＡＩは結論を出せても、責任は取れないからだ。

２０１３年、イギリスのオックスフォード大学の研究者たちは、近い将来9割の仕事がＡＩと機械に置き換えられると推測した。野村総合研究所は２０１５年、10〜20年後に、いまある仕事の49％がＡＩやロボットなどで代替可能になると予測した。研究者のこうした悲観的な推測が、当たるかどうかはわからない。

囲碁や将棋のようにルール化されたボードゲームとビジネスの世界は違う。人間らしさが求められる領域では、人間がＡＩに駆逐されることはない。そういう楽観論もある。

悲観論と楽観論、どちらが正しいかは、正直なところ私にも判別しかねる。しかし、少なくとも若い世代のビジネスパーソンにおいては、ＡＩ時代に生き残るための知的武装が求められるという事実は揺《ゆ》るがない。

ＡＩと戦う必要はない。共存共栄するために自己研鑽《けんさん》を怠《おこた》らなければいい。そこで大きな武器になってくれるのが、他ならぬ読書なのである。なぜなら、この章の冒頭で述べたように、読書はＡＩが得意とするディープラーニングそのものだからだ。

ディープラーニングとは、ＡＩの急速な進展を支えている根幹的技術の１つだ。囲碁用のＡＩがトップ棋士に勝てたのは、過去に人間同士が戦った棋譜《きふ》を読み込んで、自己対局を超高速で繰り返したからである。プロ棋士の対局数は年間60局程度とされているのに対して、ＡＩは食事もせず、昼夜を問わず自己対局を続ける。

『アルファ碁』の進化版である『アルファ碁ゼロ』は、人間の棋譜を一切入力せず、１手０・４秒というスピードで自己対局のみを重ねた挙げ句、３日間で４９０万回の自己対局を行って強くなり、アルファ碁に１００戦１００勝するまでに成長したそうだ。プロ棋士が現役で活躍できるのが30年間とすると、総対局数は１８００回にすぎない。その対局数の違いが、強さの違いに、如実《にょじつ》に反映しているのだ。

そう聞くと、ＡＩにはとても敵《かな》わないと諦《あきら》めてしまいそうになる。しかし、それは早計だ。ＡＩの土台を支えているディープラーニングは、人間の脳を作る神経細胞のネットワークを模したシステムで、人間の学習をシミュレーションしている。

ＡＩと共存するためには、私たちが人間本来の学習法をもっともっと突き詰めるべきであり、そのために欠かせないのが読書なのである。

読書で「巨人の肩に乗る」

書物とは、それぞれの著者が魂を揺さぶられながら、さまざまな経験と知恵を凝縮して文章化したものである。

そこには著者が過去に膨大な時間をかけて学習し、蓄積した知識と知恵が反映されている。それを表現する「巨人の肩に乗る」という言葉がある。

万有引力の法則で知られる17世紀の偉大な物理学者であるアイザック・ニュートンは、次のような言葉を残している。

「私が遥か彼方《かなた》まで見通せたのだとしたら、それは巨人たちの肩に立っていたからだ」

いうまでもなく、巨人とは過去の先達《せんだつ》の知見や発見を擬人化したものである。

最初にこの表現を使ったのは、「シャルトルのベルナール」と呼ばれている12世紀のフランス人哲学者だったと伝えられている。

彼は、次のような言葉を残している。

「我々は巨人の肩の上に立つ小人のようなものであり、それゆえに我々は昔より多くのものを、より遠くのものを見ることができる」

シャルトルのベルナールは、パリの南西にあるシャルトル大聖堂の附属学校に在籍していた。中世のヨーロッパでローマ・カトリック教会が、他を圧する絶大なる力を誇っていたのは、教会くらいしか巨人の肩に乗る機会がなかったからだ。

中世のヨーロッパ庶民は読み書きができなかったが、聖職者はラテン語で書かれた聖書を読み解くために読み書きができた。それゆえに教会は、聖書の教えを広める神学のみならず、哲学、文学、音楽、医学、天文学といった学問の中心地になり得た。かつての教会は、いまでいうＡＩのような存在だったのだ。

万巻《ばんかん》の書と知を教会が独占していた時代は遠い過去になり、幸いにもいまは、誰もが書物を自由に読みこなせる時代となった。その好機を見過ごすのはもったいない。

書物には、私たちがイチから調べるとしたら、一生かけても到達できない知識と知恵が凝縮されている。**前の世代が巨人の肩に乗って書いたものを読み、その肩に乗って次世代に書籍を書き残す。古代ギリシャ・ローマの時代から、人類が営々と繰り返してきた書物の歴史は、ディープラーニングそのものである。**

人類の歴史をあらためて紐解《ひもと》いてみると、書物と読書によるディープラーニングこそが、文化と文明を進化させる原動力になっているとわかる。

読書が文明・文化を進化させた

歴史を振り返ると、文化・文明を進める最初のターニングポイントになったのは、言葉の誕生であり、それに続く文字の発明だ。文字に書き残すことによって記憶に頼らない記録が行えるようになり、過去の知識と経験が着実に継承《けいしょう》されるようになった。続く大きな発明は、印刷技術である。

古代中国では、9世紀には木版《もくはん》印刷で大量の印刷物が作成されていた。その印刷技術は日本にも伝わっており、現存する世界最古の印刷物は日本にある。それは8世紀に印刷された『百万塔陀羅尼《だらに》』。これは陀羅尼という仏教のお経の一部を、文字通り100万巻も印刷して百万塔に収めたものである。百万塔は、法隆寺に4万個以上も現存している。

ヨーロッパで活版《かっぱん》印刷による効率的な大量印刷のシステムを作ったのは、ドイツ出身のヨハネス・グーテンベルクで、15世紀のことである。

木版印刷は1つひとつ手彫りで仕上げるので大変な手間暇がかかる。それに対して、アルファベットを1文字ずつ活字にしておけば、あとは並べ替えるだけでどんな文章でも印刷できる。

活版印刷の技術は、中国からヨーロッパへ伝えられたと考えられているが、それを実用レベルに改良したのはグーテンベルクの功績である。


グーテンベルクは1455年、ラテン語で書かれた『ヴルガータ』と呼ばれる聖書を印刷した。これは俗に『グーテンベルク聖書』と称される。羊皮紙《ようひし》と紙に合計180部印刷されたと言われており、このうち48部が現存する。それだけ大切にされていたのだ。

グーテンベルクの活版印刷は、世界を変えた。なぜなら情報拡散のスピードが格段に速くなり、教会が独占していた知的財産が庶民へと広まったからだ。

その典型的な例が「宗教改革」である。

宗教改革の旗振り役となったドイツのマルティン・ルターは、グーテンベルクの活版印刷技術を用いて教会の腐敗を断罪する意見書を広めた。さらにラテン語が読めない庶民のために、聖書をドイツ語に訳して出版する。こうしてローマ・カトリック教会から、プロテスタント（新教）が登場する宗教改革が起こる。

17世紀のヨーロッパで起こった科学革命の背後にも、活版印刷の発展がある。科学革命の口火を切ったのは、「天動説」から「地動説」への転換だ。その担い手となったのは、ポーランドのニコラウス・コペルニクスである。

コペルニクスは、『天体の回転について』という本を出版した。皮肉にも出版した本を目にすることなく彼はこの世を去ったが、地動説の広がりは中世の宇宙観・自然観に、それこそコペルニクス的な転回を迫った。

コペルニクスに続くドイツのヨハネス・ケプラーの『新天文学』、イタリアのガリレオ・ガリレイの『天文対話』、イギリスのアイザック・ニュートンの『自然哲学の数学的諸原理（プリンキピア）』といった歴史的な著作が近代の扉を開いて、巨人の肩に乗るディープラーニングが繰り返された結果、18世紀の産業革命の下地を作ったのである。

それまで世界の最先進国は中国だったが、科学革命と産業革命で、世界の中心はヨーロッパへ移ってしまった。その過去の栄光を取り戻そうとするのが、中国の最高指導者である習近平が唱える「中国の夢」というスローガンだ。

書物と読書のディープラーニングは、歴史を動かす力を持つのである。

読書はもっとも効率的な学習法

読書には時間がかかる。デジタルネイティブでなくても、インターネットに慣れていると、読書を非効率的に感じる人が多いのもわかる気がする。しかし、それは近視眼的なのである。

古典に慣れ親しんで学び、巨人の肩に乗るのは、むしろ効率的なのだ。過去の先達が人生をかけて、苦労して結晶化した知識をわずか4〜5時間で学べるのだから、こんなにありがたくて狡《こす》い話は、実はないのである。

ネットでも知識は得られる。けれど、そこで得られる知識は玉石混淆《ぎょくせきこんこう》だ。他人の受け売りもあれば、明らかに誤ったものも多く含まれる。ネットでの情報発信は、誰でも好き勝手にできるからだ。

その点、書籍は誰でも自由に出すわけにいかない（自費出版などの例外は脇に置く）。出版社と編集者が「これはより多くの人に知ってもらいたい内容だ」と評価したものだけが、書籍化されて日の目を見る。

すべての本に読む価値があるとは限らない。しかし、少なくともネット上で自由に発信されている情報や知識よりは、価値があるものに出会える確率は高いと考えて間違いない。

なかでも「古典」と称される書物の存在は、この上なくありがたい。高い価値を多くの人びとに認められて長年の風雪に耐《た》え、時代を超えて伝えられてきた古典には、普遍的な価値があり、私たちに巨人の肩を惜しみなく提供してくれる。

そして、古典の作者は、例学なくそれ以前に学んでいる。それは17世紀の科学革命の後も、営々と続けられている。

たとえば、20世紀を代表するドイツの哲学者マルティン・ハイデッカーは、同じくドイツの哲学者であるフッサール、ヘーゲル、カントらの古典を学び、独特の哲学を編み出した。

2018年に亡くなった物理学者のスティーヴン・ホーキング博士は、ニュートン、アインシュタイン、プランクといった偉大な物理学者の古典的な研究を踏まえて、宇宙の謎に挑もうとした。

人類が紡《つむ》いできた知は、古典が古典に学ぶハイレベルなディープラーニングの反復によって、少しずつ形作られてきた。

ビジネスパーソンでも、古典を含む読書でディープラーニングを繰り返すと、AIと共存共栄できるだけの知恵と教養と洞察力が体得できる。インターネット全盛時代だからこそ、活字でディープラーニングできる人材の希少性は高まるのだ。

同じ本を2冊買って読書仲間にプレゼントしてみる

読書をディープラーニングと捉《とら》えるなら、その効果を高める読書術がある。それは、目星をつけた本を1冊ではなく2冊買うことだ。

一度に2冊買うのではない。**まずは1冊買い求めて自分で読んでみる。そして「これは興味深い」と思ったら、あらためてもう1冊買う。**

新たに買い求めた本は、信頼できる読書仲間に「面白いからぜひ読んでみてください」と差し上げる。後輩なら自分が読んだ本をそのまま渡しても失礼に当たらないが、それ以外では自分が読んで手垢《てあか》がついた中古本を渡すのは礼を失する。だから、もう1冊買うのである。

気の置けない読書仲間なら「お前がそう言うなら、読んでみるよ」と二つ返事で読んでくれるに違いない。読み終わった頃を見はからい、「あの本、どうだった?」と水を向けてみる。そして、熟成したワインでも飲みながら、感想を語り合うのだ。

1冊の本を何度も読むことにも意味がある。私は、気になる本は3回読むことにしているくらいだ。

読書のディープラーニング効果を高めるという側面では、違う人間同士が読み、感想を語り合うことも重要だ。

同じ本でも違う人間が読むと、異なった感想が出てくる。それまでの読書体験や価値観といったバックグラウンドが異なるのだから、それは当たり前のことだ。同じ料理を食べても、味覚や食経験の違いから、違った感想が出てくるのと同じことである。

読書仲間との語らいは、囲碁や将棋の「感想戦」に似ている。感想戦とは、対局が終わった後、勝負を振り返りながら、対局した同士が最善手などを検討するものだ。

感想戦には、勝った側にも負けた側にもメリットがある。負けた側は「あのときはこう打つべきだった」という学びが得られる。勝った側も「ここでもしもあの手を打たれていたら、勝負の行方は最後まで分からなかった」といった反省につながる。

立場が違うと得られる学びと反省も異なる。互いの学びと反省をぶつけ合いながら

振り返るのも一種のディープラーニングであり、実力を伸ばすきっかけになる。

ディープラーニングと聞くとイノベーティブに思えるが、同じような考え方は昔からあり、感想戦のような形で行われてきたのだ。

読書には勝ち負けはないが、1冊の本を巡って2人で感想戦を行うと、自分1人の読書では得られない気づきと学びがある。それが本を読むディープラーニング効果を一層高めてくれる。

2冊買うとコストは2倍だが、その価値は3倍以上のことが多い。

ＡＩ時代だからこそ哲学を学ぶ

リーダーになるには哲学が不可欠であり、古今東西の哲学書を読むことはリーダーシップの育成につながる。そう私は常々説いてきた。

本格的なＡＩ時代を迎えると、ビジネスパーソンが哲学を学ぶ重要性は、さらに高まってくる。

ＡＩとロボットが全盛の時代になるほど、その対極にある人間について勉強して、よく理解している人が重宝がられる。そのためにも、哲学を学んでおきたい。

ＡＩとロボットの組み合わせは最悪である。こちらの立場や感情を汲《く》んではくれないし、自分たちが絶対に正しいと知っている（と思い込んでいる）から、価値観を一方的に押しつけてくる。

哲学を学ぶと、ＡＩとロボットという最悪コンビと大きく差別化できる。

哲学を学んだ人と学んでいない人では、何が違うのか。

哲学とは、人間の核心に迫ろうとする学問である。哲学を学ぶと人間理解が深まり、考える力が格段に上がる。超一流になるための洞察力も身につく。

哲学を学んでいない人は考える力に乏しく、そのうえ読書量も少ないと、自分の体験と価値観という狭い了見だけに頼って何でもかんでも判断しようとする。

人間理解が浅く、自分自身を客観的に認知するメタ認知ができていないから、相手から底の浅さを見透かされてしまい、全てが独善的な振る舞いだと思われてしまう。

これでは、お互いに有意義な関係は結べない。

哲学を学んでいる人は、おそらく読書量も総じて多いはずだ。メタ認知ができるから、安易に自分の体験と価値観を他人に押しつけたりはしない。

考える力があり、「ひょっとしたら相手は自分とは違った価値尺度を持っていて、違う感じ方をするかもしれない」と想定できる。人間理解も深いから、相手の立場に立った良好なコミュニケーションが取れる。だから、人間関係もスムーズになる。

単純化するなら、**哲学を学んだ人材は超一流の予備軍であり、学んでいない人材はせいぜい一流止まりで終わってしまう可能性が高い。**

あなたが上司だったら、一体どちらの人材がほしいか。それは自明である。

未来志向の肯定的な最適解を見つけ出す

実社会では、数学の試験問題のように、正解を1つに絞れないケースが多い。そこで正解を見つけ出すのに役立つのも、哲学の学びを通じて磨かれた考える力である。

ある商品が売れないというマーケティング上の課題に直面し、「その理由は何かを考えろ」と上司から指示を受けたとしよう。

そこでなぜ売れないかという理由を考えるだけでは足りない。聞かれたことには答えているから、学校の宿題なら及第点がもらえる。しかし、ビジネスの世界では、聞かれたことに答えるだけでは落第なのだ。

なぜ売れないのかという問題の核心を見極め、それを踏まえてどうすれば売れるようになるかの最適解を導き出し、上司に斬新《ざんしん》な提案ができて初めて正解といえる。

売れない理由を導き出すだけなら、コンピュータで過去のマーケティングのケーススタディをたくさん集めれば済む。それはＡＩが何よりも得意とする分野だ。


ＡＩとコンピュータは過去を振り返って「～してはいけない」という否定的な答えを導き出すのは得意だが、これから先に「～すればいい」という未来志向で肯定的な答えを出すのは不得意である。

未来志向で肯定的な答えを導き出すのは、世の中に存在していなかった最適解を見つけるクリエイティブな作業である。誰も考えなかったことを考えなくてはならない。しかも「～すればいい」という正解は、１つに絞れないのが普通である。

そこで活きてくるのが、哲学を通して学んだ考える力であり、洞察力なのである。

ＡＩとコンピュータが集約した過去のケーススタディでピラミッドの土台を作り、その天辺に人間が洞察した正解をのせる。現在、ＡＩと人間は、そういうスタイルで協業している。この先ＡＩが進歩すれば、土台作りから天辺に正解をのせるところまで、すべてをこなす時代がやってくる。少なくともそれまでは、哲学を学んだビジネスパーソンとＡＩの協業がベストマッチングなのである。

年1冊の哲学書を読む習慣が人生を明るくする

哲学書で哲学を学ぶことは重要だが、本を読む習慣がない人が、いきなり難しい哲学書を読もうとすると、ハードルが高すぎて挫折《ざせつ》しがちだ。

『新約聖書』の『マタイによる福音書』に「狭き門より入れ」という一節がある。

これは何か（キリスト教では天国に至ること）をなさんとするとき、簡単な道ではなく、あえて困難な道を選んだほうが自らは鍛えられるという教えだ。

でも、道行きが困難すぎて歩けなかったなら何にもならない。哲学に関しては「広き門から入れ」という心構えでいい。

哲学書の入門編として私がおすすめしたいのは、エーリック（エーリッヒとも表現される）・フロムの著作だ。

フロムはドイツ系ユダヤ人であり、アメリカに渡って大学で長く教鞭《きょうべん》をとった。ユダヤ系ではあるがユダヤ教徒ではなく、キリスト教系の哲学者だと私は思っている。

フロムの代表作として世界的に知られているのは『自由からの逃走』（１９４１年）

と『愛するということ』（1956年）という2作である。とくに私が好きなのは、『愛するということ』のほうだ。もう何度再読したか数えきれない。

フロムの作品は決して易《やさ》しくはないが、アリストテレスのような古代ギリシャ哲学、カントやヘーゲルといった小難しいドイツ哲学よりは、よほどとっつきやすい。

日本人には日本の哲学者が書いた本のほうがわかりやすいのではないか、と考える人もいるだろう。だが、日本の哲学者の本も一筋縄ではいかない。

日本の哲学者というと、西田幾多郎さんと和辻哲郎さんの名前が挙がる。彼らの本は日本人にとってもわかりにくい。誤解を恐れずに言うと、日本語が下手なのだ。

作家の井上ひさしさんの言葉に、次のようなものがある。

「むずかしいことをやさしく、やさしいことをふかく、ふかいことをおもしろく、おもしろいことをまじめに、まじめなことをゆかいに、ゆかいなことをいっそうゆかいに」。まさに至言である。

哲学書も「むずかしいことをやさしく」書くべきなのだ。ところが、日本の哲学者の本は「むずかしいことをよりむずかしく」書いてあるとしか思えない。優秀な翻訳者に恵まれたら、むしろ翻訳物の哲学本のほうがわかりやすい。

哲学書は読むのに時間がかかる。もしも読書の目標を立てるなら、月単位ではなく年単位にするべきだ。

年間5冊も読めたら立派なもの。**哲学ビギナーは「1年に1冊でもいいから、哲学書を読んでみよう」と気楽に考えてみてはどうか。**

1年に1冊ペースでも5年で5冊、10年で10冊だ。30代に10冊の哲学書を読んで人間理解を深めたビジネスパーソンと、1冊も読まなかったビジネスパーソンとでは、地力の差が開いてくる。

1年1冊ペースでも定期的に哲学書を読んでいると、自分なりの哲学書の読みこなし方がスキルとして会得《えとく》できる。

読書も野球のバッティング練習や守備練習と同じようなものであり、数をこなしているうちに上手になるのだ。

哲学書を読み始めて5年もするとペースが上がり、昔は1年1冊がせいぜいだったのに、1年に2冊くらいは読めるようになる。

その調子で、仮に10年で15冊の哲学書が読めたとすると、1冊も読んでいない同僚やライバルとは極めて大きな実力差がつくのは明白である。

手強い本は初めの40ページだけ我慢

哲学書に限らず、読み進めるのが難しい〝手強《ごわ》い本〟はある。それを手強いという理由だけで、読むのを諦めるのはもったいない。

一度でも過去に読んだ経験のある著者の本なら、馴染《なじ》みがあって案外ラクに読み進められるもの。著者の考えや表現方法が、すでに頭に入っているからだ。

まったくお初の著者の本を読むのは、初対面の人といきなり会話をするようなものだから、慣れ親しむのに少々時間がかかることがある。

ウマが合う人とそうでない人がいるように、著者の考えや表現次第で、とっつきやすい本とそうでない本がある。それでも初めの100ページくらいを丁寧に読み進めていると、著者に馴染《なじ》むようになり、そこから先は調子よく読める。

哲学書のようなチャレンジングな本は、1日に1〜2ページしか読めないこともある。そんな調子では100ページ読むのに2〜3か月もかかってしまう計算だ。

2〜3か月も辛いことを続けられない。挙げ句の果てに途中で心が折れて挫折したら、失敗体験として心に刻まれてしまう。

読書に限らず、生きていく上での知恵の1つは、心が折れたり、挫折したりしないように自らを適度に甘やかすことだ。

「どうしても100ページ読むぞ」と厳しく考えてしまうと、逃げ道がなくなって辛くなる。自分で自分の首を絞めるのは、馬鹿げている。

哲学書のように手強い本は、ハードルをぐっと下げて、初めの40ページをクリアすることを目標にしよう。これなら1か月前後で何とかクリアできる。

哲学書は文庫本でも新書でも読める。1日に1～2ページしか読めないなら、いっそ文庫本や新書をお風呂場に持ち込み、入浴のついでに読んでみるのも手だ。デスクに坐って「よし哲学を学ぶぞ！」と腕まくりをして臨むと、緊張して内容が頭に入ってこないもの。入浴のついでに湯船に浸かってリラックスしてページをめくっていると、心も身体も弛緩《しかん》しているので、逆に難しい内容がスッと頭に入ってきやすくなる。

バスルームに持ち込むと本は濡れてクタクタになる。読了後はお払い箱にする他ないが、安価な文庫本や新書なら惜しくはない。

シャツが何度も洗っているうちに身体にだんだん馴染んでくるように、クタクタになった本には不思議と愛着が湧《わ》くものである。本に馴染みが出てくると、それだけ読みやすくなる。

文庫にも新書にもなっていない哲学書は、図書館で探してみるといい。哲学書を単行本で買おうとすると高価だが、図書館で借りるのは無料だ（カラオケで歌うときだって著作権料を払っているのだから、図書館で本を借りる際も著作権料として10円なり20円なりを払うべきだと私は思う。だが、それはまた別の話だ）。大枚叩《はた》いて高い哲学書を買うと、元を取ろうと難しくても頑張って読もうとする。それに失敗すると失敗体験として心に刻まれてしまう。図書館で借りた本なら、1ページ目で挫折したらさっさと返却してしまえばいい。それなら失敗体験として心に刻まれる心配はない。もちろん、図書館の本をバスルームに持ち込んで濡らすわけにはいかないから、大人しく部屋で読もう。

いずれにしても、**40ページまできても著者の考えに一向に馴染めず、先へ先へ読み進めるエンジンがかからないようなら、そこで読むのを止めてしまって構わない。少なくとも40ページまで読むという当初の目標は達成しているのだから、それを失**

敗と捉えなくていい。

こうやって何度も「40ページチャレンジ」を地道に続けていると、読解力は知らず知らずのうちに高まってくる。1年もすれば、哲学書だって40ページ以上読めるようになり、そのうち最初から最後まで1冊丸ごと読めるようになる。

難しい本ほど、読み終わったときの達成感は大きい。達成感を積み重ねていくと、やがて自信に変わる。哲学書が1冊読めたら、そこで得られた達成感と自信を糧に、他の本もどしどし読めるようになる。

難しそうだからといって食わず嫌いでいたら、いつまで経っても哲学書は読めない。まずは手近な1冊を手に取り、1ページ目をめくってみてほしい。

AI時代に生き残る職業には独特の哲学がある

AI時代でも確実に生き残る仕事の1つは、クラブのホステスさんだと言われる。

AIとロボットにお酌《しゃく》をしてもらって、職場や家庭の愚痴を聞いてもらっても味気なくて心は休まらない。人生経験が豊かであり、人間らしい失敗もたくさんしているホステスさんだからこそ、お酒を酌《く》み交わしながら癒《いや》されるのだ。

同じように介護の仕事も、最後の最後まで人間が担うものだろう。本当に困ったときには、機微のわからないＡＩとロボットよりも、血の通った人間に手を貸してほしいと思うのが人情だからである。

ホステスさんも介護士も、たとえ哲学書を学んでいなくても、実践の場で試行錯誤しながら独特の哲学を作り上げている。それはＡＩとロボットに負けない差別化ポイントだ。

一方、人類最古の職業は、お坊さんと娼婦《しょうふ》だという古いジョークがある。そのココロは、人間には必ず聖と俗の両極端があるというところか。お坊さんも娼婦も、ＡＩ時代を生き残る職業だと私は思う。

お坊さんは悩める人、貧しい人に寄り添って話をよく聞いて、仏様の教えという形で救いを与えてくれる。お坊さん個人の価値観を押しつけるのではなく、苦しみに耐えて、いかに生きるかという哲学で悩みを解決へ近づけてくれる。

優れた娼婦は、性的な欲望を解消するサービスにとどまらず、欲望への向き合い方を教えてくれる存在といえる。ベテランともなれば、行為の合間にお坊さんのように悩みを聞いて解決してくれるだろう。そこにも彼女らなりの哲学がある。

ＡＩ時代を生き抜くお坊さんと娼婦は、世界最古の職業であり、ひょっとしたら世界最後の職業になるのかもしれない。

フランスのブランドは哲学があるから生き残っている

ＡＩ時代には、人間を学び、哲学を持つ人間しか生き残れない。哲学がなければ淘汰されるのは、人間だけではない。企業も同じである。

ルイ・ヴィトンやエルメスといったフランスの老舗ブランドが、時代を超えて世界中で愛されている背景には、フランス人らしい哲学性がある。

フランス人というのは、聖と俗を併《あ》わせ持つ不思議な人びとである。

フランス人の俗っぽい部分を批判的に取り沙汰《ざた》するのは、お隣のイギリス人だ。

イギリス人は、フランス人と大昔から争ってきた歴史がある。14世紀から15世紀にかけての百年戦争は、１００年以上続いた。そうした経緯があるため、イギリス人はフランスの俗の部分に偏見を持って軽蔑《けいべつ》しており、イヤらしい言葉にはかなりの確率でフランスを絡《から》めている。

ディープ・キスのことをフレンチ・キスと初めて呼んだのはイギリス人ではないか。

私はそう睨《にら》んでいる。69も「シックスナイン」と英語読みしないで、「ソワサントヌフ」(soixante-neuf)と仏語読みする。イギリス人らしい行動様式だ。

一方、フランスでは、学術書レベルの哲学書がベストセラーになることがある。少々古い本だが、日本の哲学界にも影響を与えたジル・ドゥルーズとフェリックス・ガタリの『アンチ・オイディプス』、ミッシェル・フーコーの『言葉と物』などがそうだ。

これはイギリスでも日本でも考えられない現象である。フランスの聖なる部分の表れだと思う。

国際社会を席巻《せっけん》しているアメリカ企業の特徴は、ユーザー第一主義だ。そういうと聞こえは良いが、悪い言い方をするなら顧客迎合主義である。

対照的にヴィトンやエルメスといったフランスの老舗ブランドは、決して顧客迎合主義ではない。あくまで自らの哲学、信念を貫こうという姿勢がある。

老舗だからといって創業以来、何も変えていないわけではない。頑固に曲げない信念が6割だとしたら、残り4割は時流に応じて臨機応変に変える。そのさじ加減が絶妙なのだ。

ヴィトンはパリに本店を構える旅行用トランクの専門メーカーだった。その後、時流の変化に上手に乗りつつ、トランクメーカーの枠組みから大きく越境する成長を遂げている。

代名詞であるLとVを組み合わせた「モノグラム」と呼ばれるマークは、19世紀のパリ万国博覧会をきっかけに、かの地で湧き起こったジャポニズムに影響を受けて、日本の武家の家紋に触発されて生まれたという。こうした発想の柔軟性こそ、時代を超えて企業が存続するために不可欠なのである。

ご存知のようにエルメスだって、もともとは馬具メーカーである。

乗馬が廃れて馬車の時代が終わり、ハイブリッドカーが走り回るようになってもエルメスが愛されているのは、乗馬と馬車の衰退を見越して、バッグやサイフなどの皮革製品を中心とするファッションブランドへの脱皮を早期に果たせたゆえだ。

現代まで生き残っている日本の老舗も、曲げない信念と、トレンドに応じて臨機応変に変える部分のさじ加減が見事である。その好例が、和菓子の老舗「虎屋」だ。

虎屋の創業は室町時代の京都にまで遡《さかのぼ》る。明治時代に京都から東京へ移り、480年以上暖簾《のれん》を守っている。

虎屋といえば「羊羹《ようかん》」が有名だ。老舗の羊羹と聞くと、門外不出のレシピを頑《かたく》なに守っている創業以来の味に違いないと思いがちだが、実際には、レシピは微妙に変えているそうだ。

信念として守っているのは、「少し甘く・少し硬く・後味良く」という3つのポイントで、それ以外は時代に合った味に変えている。

伝統は革新の連続である。そこに哲学という軸がなければ、時流に翻弄《ほんろう》されて波間に消えていくのみだ。それは人も企業も同じなのである。

第3章

ほしいと思われる人材になる読書術

読書こそ付加価値のある人間を作り上げる

私が取締役ファウンダーを務めるドリームインキュベータの社員向けに、時おり内々の講演会を開いている。先日は社長が「堀さん、やっぱりこの本はいいですよ。ぜひこの本をテーマに次の講演会をやってください」と頼んできた。

社長が言う〝この本〟とは、私が1994年に著した『ホワイトカラー改造計画』である。20年以上前の本だが、指摘したことの重要性は色あせていない。自慢するわけではないが、いまの日本のビジネス環境の問題点を先駆的に指摘していると思う。

その頃までの日本的経営システムの人事管理には3つの柱があった。それは「年功序列賃金」「終身雇用」「新卒一括採用」だ。高度経済成長が終わり、日本企業の拡大・拡張が望めなくなると、この3本柱を崩すしかなくなる。

旧来の3本柱に基づいたサラリーマン社会は、身分を重視する江戸時代の武士の評価システムとよく似ていた。学歴や入社年次、新卒か中途採用かでサラリー（武士なら石高《こくだか》）が決まり、それは生涯に渡って宿痾《しゅくあ》のようについて回る。同じようなプロフィールを持つ人は、本人の能力に関わりなく、同じようなサラリーマン人生を歩む。

たとえば、東京大学から新卒で入ったら、数年後には係長になり、やがて課長になり、トントン拍子に出世して最低でも同期でもっとも早く部長になれる。

私立大学出身で中途採用だとしたら、たとえ仕事ができても親会社では課長以上になれず、せいぜい子会社の総務部長止まりで終わる……といった具合である。

こうした人事をもっとも顕著《けんちょ》に、いや露骨にやっているのが「メガバンク」だ。東大卒ならいきなり出世コースとなる日比谷支店や麹町支店といった都心の支店に配属になり、2年経ったら本店へ移動する。これが早稲田・慶應大卒なら、まずは山手線沿線の渋谷支店や恵比寿支店に配属となり、2年経ってから主力支店に移動、本店に入るのは東大卒の2年後（大卒4年後）となる。

その他の大学なら都内でも郊外の立川支店や、地方の浜松支店などに配属され、その2年後に山手線沿線の支店へ、主力支店や本店へ移動になるのは、早くても入行後7年目からだ。これが能力とは関係のない、悪しき〝学歴人事〟の実例である。

旧来の3本柱が消えてなくなると、身分がある程度保証されていたサラリーマン社会は崩壊してしまう。その代わりに台頭するのが、ホワイトカラーである。

ホワイトカラーには身分保証はない。そこそこの大学で学び、新卒で入ったとしても、会社に貢献できなかったら昇進はないし、サラリーも上がらない。居場所がなくなって、いずれ居づらくなって会社を出ていく他なくなる。

ホワイトカラーの武器は、会社に貢献できる人しか残れなくなる。新しいアイデアや創造性で付加価値を高めて、付加価値をつける能力である。

こうした変化は一時的な不況対策でもなければ、雇用調整でもない。日本企業、もっというなら、日本経済と日本的経営が新しい時代の変化に真正面から向き合い、変わろうとしている姿勢の表れに他ならない。

ホワイトカラーという言葉はあまり聞かれなくなったが、付加価値をつけられる人材しか生き残れないという事実は変わりがない。本書の趣旨に沿って言うなら、超一流の人材とは、深い教養と洞察力で付加価値を創造できる存在だ。

選ばれし者の耳学問より誰でも可能な読書で研鑽を積む

付加価値をつけられる人間になるには、どうしたらいいのか。方法は2つしかない。1つは知恵のある人の言うことをよく聞くこと。もう1つは読書である。

知恵、すなわち教養のある人の言うことを聞くのは、いわゆる「耳学問」。これは極めて贅沢な学習法である。その究極の形は、帝王学だ。

古代ギリシャ時代の英雄であるアレキサンダー大王は、当時を代表する哲学者アリストテレスを家庭教師にして帝王学を学んだ。

アレキサンダー大王は、アリストテレスを生涯尊敬していたそうだ。

日本の天皇家でも「進講」という形で、人文科学、社会科学、自然科学といった各界の学問の権威者から学ぶ仕組みがある。

毎年1月には「講書始の儀」という形で、進講が行われる。ちなみに平成31年は、ノーベル医学生理学賞を受賞した京都大の本庶佑《ほんじょたすく》特別教授ら3人が進講者となった。本庶氏は「免疫の力でがんを治せる時代」をテーマに講義した。

帝王学は究極の耳学問だ。それは平民たるビジネスパーソンには無理だし、聞いてためになるような話をしてくれる人に巡り合い、直に話を聞ける機会も滅多にない。聞いて役に立つような話をしてくれる人は、1000人に1人いればいいほうだ。より高いレベルになると1万人に1人しかいない。その奇貨《きか》を利用するチャンスが得られる確率も限りなく低い。特異な人脈がない限り、耳学問で学ぶのは難しいのだ。

私は三菱商事に勤めていた頃、またとない耳学問の機会を得た。

当時、三菱グループ各社から1人ずつ選抜された社員たちが集まり、碩学《せきがく》を招いて3泊4日で研究会を開いていた。私は参加したくて仕方がなかったから、直属の部長に頼み込んで選抜してもらった。

そこでゲストだった三菱総合研究所の牧野昇さんの話が聞けたのは、得難い体験となった。牧野さんは文句なしに1万人に1人クラスの語り部だ。

牧野さんのような人の話を直接聞いて学びを得たら、付加価値がつけられる超一流の人材に最速で近づける。だが、その機会は限られているのだ。


耳学問に比べると、読書はハードルが低い。


耳学問は話し言葉がベースになっており、理論的に構築されていない場合がほとんどだ。聞き手側に下地がなかったら、耳学問が馬耳東風で終わる恐れもある。

それに対して、**本は人脈ゼロでも読める。**

私たち平民でも将来、突出できる可能性がここにある。読書にも読み手の素養は求められるが、書き言葉は話し言葉よりもロジカルで理解しやすいから学習効果にも優れる。前章で触れたように、哲学書を読みこなせたら最強だ。

読書を介して少しずつ教養を深めていけば、最終的には話し言葉で語られる耳学問でも学べるようになる。読書と耳学問の相乗効果で教養と洞察力を育てれば、付加価値を生み出せる超一流の人材に成長できる。

人脈がないビジネスパーソンが耳学問に取り組む方法については、本章の後半であらためて述べよう。

イノベーションの9割は過去からの学び

現代では、新しい価値やイノベーションの創造が重視される。

大学生や若手ビジネスパーソンにも、将来のスタートアップ（起業・独立）を見据えて活動する人が増えてきた。私が創業したドリームインキュベータは、そうした若きアントレプレナー（起業家）を応援するために作った会社である。

アントレプレナー候補の若手から「スタートアップするには、どんな本を読んだらいいですか？」という質問を投げかけられる機会も多い。そういうときは「まずは温《おん》故知新《こちしん》の精神で過去を学んだらどうですか」とアドバイスする。

温故知新とは、孔子が師（リーダー）になる条件として『論語』で述べたものだ。先人の思想や学問を研究する重要性を指摘した成句である。

新たな価値観やイノベーションの源泉になるのは、クリエイティビティだ。日本語にするなら「創造力」である。

クリエイティビティの大半は、無から有を生み出す行いではない。ダ・ヴィンチやアインシュタインといった天才と称されるような才能の持ち主ならば、無から有を生み出せる。だが、彼らのような偉大な天才ならぬ身は、9割は過去の（既存の）研究やビジネスをベースにするしかない。そこに1割のサムシングを加えると、新たなビジネスモデルやイノベーションが生まれる。

アントレプレナーも経営コンサルタントも、読書を通じて過去を学ぶのは当たり前。そこにどれだけの新味が加えられるかが勝負だ。過去だけをいくら学んでも仕方ないが、過去に学ばないとイノベーションの端緒《たんしょ》は開けない。

本を読んで過去をきちんと学んでおかなければ、巨人の肩に乗って新しいことは成し遂げられない。準備ができている者にしか、チャンスは巡ってこない。読書による知的なウォーミングアップをしていない人間に、できることは限られるのだ。

いまこそリーダーシップが求められる

これからのビジネスパーソンにますます求められるのは、周囲をまとめて堂々と率いるリーダーシップである。

なぜ今後、リーダーシップに焦点が集まるのか。そこから解説しよう。

日本は「ハイコンテクスト社会」で、割合に似たような考え方をする人が多い。

ハイコンテクスト社会とは、共有されている経験や価値観（これをコンテクストと呼ぶ）が多く、言語化しなくても以心伝心での意思疎通ができる社会を指す。

言葉にしてアウトプットしなくても、阿吽《あうん》の呼吸で何となくコミュニケーションが取れる半面、「出る杭は打たれる」で他と同じでいいという同調圧力が強い。

日本の政治家にはリーダーシップが欠けているとしばしば批判にさらされるのは、付和雷同を是とするハイコンテクスト社会の日本では、違う考えをまとめて束ねる必要性が低いからだ。

日本型のリーダーシップは、アメリカのようなトップダウン型でなくていい。

日本では江戸時代から将軍様の言うことは絶対ではなく、和を尊ぶ伝統に根ざしたボトムの村長レベルの談合（話し合い）が大きな決定力を持っていた。

それはハイコンテクスト社会ゆえであり、欧米型のトップダウンスタイルのリーダーシップは、日本には不要だったのである。

しかし、状況は様変わりした。これからの組織では性別や国籍もバラバラであり、さまざまな考えを持つ人びとを集めるダイバーシティ（多様性）がより一層重視される。**新たな価値観の創造やイノベーションは、得てしてダイバーシティのカオスから生まれるものだ。**

ダイバーシティのある組織はローコンテクスト社会であり、共有されている経験や価値観が少なく、言語による意思伝達が占める重要性が高い。

同調圧力は皆無なので、異なった考え方をする人たちをまとめて、同じベクトルに沿って引っ張っていかねばならない。

日本もさらなるグローバル化で外国人が同僚になったり、移民が増えたりする。ハイコンテクスト社会からローコンテクスト社会へと変貌していくわけだから、徐々にではあるが欧米型のリーダーシップが重視されるようになる。

リーダーシップを身につけたいなら哲学書か時代小説

私は過去に『リーダーシップの本質』という本を書いている。これはマニュアル本ではなく、タイトル通りにリーダーシップの本質を説いたものだ。３回も改訂版が出ているから、ロングセラーと呼んで差し支えない。

改訂版は、時代の変化に応じて加筆訂正するのが常だ。しかし、本質とはいつの時代も変わらないもの、変わらないから本質なのである。だから、改訂版でも加筆や訂正は多くない。

この本で私は、リーダーシップとは、ひと言でいうなら「旗を持って先頭を歩くこと」と書いている。先頭を歩き始めたら最後、決して後ろを振り返ったり、キョロキョロしたりしてはいけない。

旗を持って歩き出したままではいいけれど、誰も後ろをついてこなかったらどうしようと、不安な気持ちに駆られるときもある。だからといってリーダーが右顧左眄《うこさべん》していたら、後をついてくるメンバーたちのほうが不安な気持ちになる。

リーダーの言動には一貫性がいる。勇気を持って真正面を見据えて、旗を振り続けることが何よりも求められる。**リーダーがデンと構えて「大丈夫だ」と言うだけで、組織が一丸となる。それが混沌《こんとん》とした現代で求められるリーダーシップの形である。**

混沌を極める戦地でも、優れた軍隊の指揮官は「この人は死なない」「この人と一緒にいればきっと死線が越えられる」と思わせる。

それは錯覚でも構わない。黙々と旗を持って先頭を歩いているだけで、メンバーがついてくる。それが優れたリーダーなのだ。

リーダーシップを学ぶなら、マニュアル本よりも哲学書のほうが向いている。哲学のないリーダーには、誰もついてこない。加えて前章で詳しく語ったように、哲学を学んだ人は人間理解が深いから、人心を掌握《しょうあく》して力を合わせる環境作りがうまい。考える力と洞察力が高まっているから、岐路《きろ》に立たされたときの判断にブレがなくて正確である。

哲学書以外に例を挙げるとするならば、時代小説もいい。

時代小説のなかでも私がすすめるのは、江戸時代を描いた人情ものだ。

人情とは、人の心の動き。人情ものには、その機微が描かれている。

人間関係が希薄になった現代と比べると、江戸時代は人と人とのつながりが濃密で距離感が近かったから、人情を描くのにぴったりだ。

この時期の親子や夫婦の情愛を描いた古典落語の人情噺《ばなし》を聞くのもいい。

時代小説を読んで人情に通じるようになれば、部下の気持ちやお客さんの気持ちが少しずつわかるようにもなる。

部下の気持ちがわからないと、リーダーにはなれない。お客さんの気持ちがわからないと、組織をどちらの方向へ導いたらいいのかが見えてこない。


もちろん人情ものには、ハウトゥ本がリーダーシップと称する能力が、わかりやすく開陳されているわけではない。登場人物の心の動きを読み取ろうと考えながらページをめくるうちに、いつの間にかリーダーシップの極意を会得している。

人間についての深い考察が、リーダーシップを育てる源泉である。

人情ものが上手な時代小説家で一人挙げるなら、藤沢周平さんだ。

彼は山形県鶴岡市の出身であり、江戸時代を舞台に庶民や下級武士の生活を丁寧に描いている。

『男はつらいよ』シリーズで知られる山田洋次監督の手で映画化されてヒットした『たそがれ清兵衛』や『武士の一分』も、藤沢さんの小説を原作としている。

藤沢さんの小説のテーマは、江戸時代でも武士でもない。人間である。言い方を変えると、彼の小説には人間が描かれている。

人間を描いているというのは自動的に、そこに哲学的な要素がある。なぜなら、前述のように哲学とは「人間とは何か」をとことん突き詰める学問に他ならないからだ。

哲学を学んでいるという意識はなくても、藤沢さんらの小説を読んで、人間とは何かを考えるきっかけができたら御《おん》の字だ。

人間に対して興味が湧いてきたら、自然に哲学を学びたいという気持ちになってくる。そういう心境になってから、新鮮な気持ちで再度、フロムにでもチャレンジしてみればいいのだ。

明治維新のリーダーたちも読書で教養と洞察力を高めた

アメリカ史上、その建国時ほど、政治の分野に豊富な人材が揃《そろ》った時期はないとされる。初代大統領のジョージ・ワシントン、独立宣言の起草者であるトーマス・ジェファーソン、外交や科学の分野でも業績を残したベンジャミン・フランクリンらだ。

彼らとアメリカ現大統領のドナルド・トランプを比べると、民主主義というのは時の経過とともに劣化して、民衆におもねる衆愚《しゅうぐ》政治に堕《お》ちていくことがよくわかる。

同じように、日本の近代の扉を押し開いた明治維新でも、多士済々《たしせいせい》の人材が活躍した。彼らのベースを作ったのも、読書である。

インターネットがない時代に知識を深めるには、読書しか術がなかった。加えて、教養と洞察力を高めながら、士族をまとめるリーダーシップを我がものにするにも、読書しか方法がなかった。

明治維新のリーダーとなる武士たちが学んだのは、新たな儒教として中国からもたらされた朱子学や陽明学といった中国思想であり、哲学そのものであった。


私の友人でもある林真理子さんの本が原作となった、２０１８年のＮＨＫ大河ドラマ『西郷どん』の主人公である西郷隆盛は、二度目の流刑《るけい》先の沖永良部島で読書三昧の日々を送った。なかでも佐藤一斎という学者が書いた『言志四録』に感銘を受け、死ぬまで肌身離さず持ち歩いたと伝えられる。

この本は、２００１年に首相だった小泉純一郎さんが、教育関連法の国会審議中に触れて話題となった。有名な一節は、次のようなものだ。

少《わか》くして学べば、即ち荘にして為すことあり
荘にして学べば、即ち老いて衰えず
老いて学べば、即ち死して朽ちず

要するに、学びを得るのに遅いということはなく、いくつになっても学び続けることが大切だという教えである。むろん当時は「学び＝読書」だ。

西郷は西南戦争の頭目《とうもく》に担がれて、最後は地元・鹿児島で切腹して果てる。西南戦争に先立つ大規模な支族反乱である佐賀の乱を起こし、捕らえられて死刑になった江藤新平も、同じように読書家として知られていた。

江藤は、司法制度の近代化に多大な功績のあった人物だが、暇を見つけては読書に励んでいたというエピソードがある。書生などの人物を見極める際も、「貴公は本を読むか？」と読書経験の有無を参考にしていた。

明治時代のリーダーで、私がもっとも敬愛しているのは、福澤諭吉だ。

福澤も読書家だった。とくに『春秋左氏伝』（孔子が編纂《へんさん》したと伝えられている歴史書『春秋』の注釈書）が大好きで「他の書生は3、4巻で読むのを止めてしまうのに、自分は全15巻を11回ほど通読し、好きなところは暗記した」と自ら書いている。

変化のスピードが速い時代こそ読書経験が効いてくる

人の話をよく聞くことも、リーダーに不可欠な能力である。異なる意見をまとめるには、まずは話を聞いてみる他ない。

ＡＩは、指示行動はいくらでもするが、あなたの話を聞いて共感してくれるわけではない。他人の言い分に耳を傾けるのは、人間に特有の能力だ。それは知恵と教養と洞察力を磨く方法でもある。

人の話を黙って聞くというのも、読書が磨いてくれる能力である。それゆえに哲学書や時代小説以外の読書も、リーダーシップの素地を作ってくれる。

書物は、目次こそあるが、冒頭に要旨が順序立ててリストアップされているわけではない。「この著者は一体何が言いたいのだろうか」と我慢して読んでいるうちに、あるところをすぎると話が一気に噛み合い、霧が晴れたように「そういうことだったのか！」と膝《ひざ》を打ちたくなる。

霧が晴れるポイントまでは、ひたすら著者の考えを拝読する他ない。

だから読書家は、基本的に聞き上手であり、相手の話の途中で我慢できなくなり、

結論を急ぐような愚かな真似はしないものだ。

気になったり、疑問に思ったりすることが出てくるたびに、スマホで検索して解決するクセがついていると、人の話をじっと聞き続けるのは苦手になる。

ただ話を聞くだけならICレコーダーと同じだ。人の言うことをそのままインプットするだけでは、知恵にも教養にも洞察力にも昇華しない。

聞き手には、それ相応の心構えがいる。

人の話を聞く際は、自らの思い込みを絶対視せずに疑ってかかる。乾いたスポンジのように、他人の知見を吸収しようとする柔らかい脳味噌が求められる。

聞いたふりをするだけで何も変えようとしない石頭に、人間的な進歩は望めない。

柔らかい脳味噌の持ち主は謙虚であり、石頭の持ち主は得てして傲慢《ごうまん》である。

謙虚だと新しい情報もすっと入ってくる。そして「あ、これまでの知見につながるな」といった点と点がつながるような気づきがある。そこへ自らの体験、経験、知識をぶつけてやると、脳内で化学反応を起こし、新たな学びにつながる。

傲慢だと過去の成功体験にこだわり、自分の信じていることが正しいという思い込みが強い。だから、新しい情報を耳にしても、脳の奥の奥まで入ってこない。無意識のうちに自分と違う考えを排除してしまう。

それは愚かな行為であり、もったいない話でもある。


野球に「勝利の方程式」という言葉がある。

先発ピッチャーが6～7回まで投げたら、セットアッパー（中継ぎ）が1～2回投げてつなげ、最後は「守護神」と呼ばれる豪腕のクローザーがピシャリと抑えて勝つ。そういうシナリオだ。

数学の方程式なら毎回必ず同じ答えを導き出してくれるが、いわゆる勝利の方程式で毎回勝利が転がり込んでくるわけではない。ピッチャーの調子には波があるし、何がきっかけとなって相手打線に火がつくかわかったものではない。

勝利の方程式が敗北の方程式に様変わりする事態も、たびたび起こる。

ビジネスの世界でも、勝利の方程式を信じて痛い目にあう企業はごまんとある。数学以外の世界で、方程式がそのまま通用するわけがないのだ。それでも通用すると思っているのは、過去の成功体験を信じすぎている証拠であり、頑固で傲慢なのである。

勝利の方程式を生み出すのは、英語でいうと「オーバー・シンプリフィケーション」。日本語にはない単語だ。直訳すると「過剰単純化」。何事も単純化するとわかりやすいが、そこに〝過剰〟がつくとやりすぎになる。

これからの時代は、変化のスピードが速くなる一方であり、自らが過去に体験しなかったような新しい情報の洪水に晒《さら》される。

それを直感的に理解して、自分の知恵と教養へ昇華して洞察力を養うには、素直に他人の話や意見に耳を傾けることが重要になる。そのために有用なのが、他ならぬ読書だと私は思っている。

社会や経済の変化のスピードが速くなればなるほど、読書の習慣がある人とない人の差は開いてくる。

聞き上手になり知恵と教養を高める5つのコツ

読書で他人の意見に静かに耳を傾ける下地が養われて、柔らかい脳味噌でそれを吸収できるようになったら、読書と並行して、いよいよ耳学問をやってみよう。

気になる文化人や著名人の講演会に出向くのも一手である。どこで誰が何をテーマに話しているかは、ネットで検索すればいい。

東京のような大都市では、毎日のように講演会が行われている。私自身、正確には数えていないが、これまで5000回以上1万回近い講演を行ってきた。

何度となく講演を繰り返してきている文化人や著名人は、いわば〝プロの語り部〟である。野球で三遊間にボールが飛んできたら、反射的に横っ飛びしてグラブが出るショートストップのように、聴衆の反応に応じて巧みに話を組み立てる柔軟性を持っている。

講演会の演者は希少な語り部であり、その道のプロの話が聞ける点は評価できる。だが、自分一人に向けてではなく、聴衆全員に最大公約数的に話された内容を一方的に拝聴するだけでは、教養と知恵として蓄積しにくい。質疑応答の時間も一応設けられているが、だいたいは時間が限られているので満足に話はできない。

ならば、職場の先輩や上司の話を聞いてみてはどうか。

この章の初めで、聞いて有益な話をしてくれるのは、1000人に1人いるかどうかだと指摘した。講演会の演者はともかく、職場に1000人に1人レベルの人材は、なかなかいない。しかし先輩や上司となら、一方的に聞くだけの講演会と違って、自由闊達《かったつ》な議論が交わせるというメリットがある。

「一度話を聞かせてください」と声をかけて、1杯飲みながら言葉を交わしてみるのもいい。その際、話をうまく聞き出して、自らの成長につなげるポイントは大きく5

つある。

1つ目は、**相手を褒《ほ》めること。**

人という動物は極めて単純である。褒められると誰でも機嫌が良くなり、口も軽くなって、際どいところまで話してくれるはずだ。「普段から仕事ぶりを尊敬していました」とか「どうして会議でいつも問題点をあれほど的確に指摘できるのですか?」といった具合に、褒め殺しにならない程度に褒めておだてるのだ。

ただし、本当に思っていることでないと、相手に見透かされてしまう。

2つ目は、**正直になること。**

本心を包み隠さず、聞きたいことをストレートに尋ねる。「先輩は中国勤務が長かったと伺いました。私は今回、上海での事業立ち上げを担当します。中国人とビジネスをするポイントは、どこにあると考えていらっしゃいますか?」というふうに、聞きたいテーマを素直に開示するとともに、聞かせてもらいたい理由も素直に伝えることだ。そうすれば、相手は胸襟《きょうきん》を開いて教えてくれる。

3つ目は、**興味と関心を持って話を聞いている、というサインを積極的に出すこと。**

自らの興味や関心のある話題に関しては、思わず引き込まれるように上体が乗り出すものだ。それはアマチュアの語り部である先輩や上司にも感じられるから、聞き手が上体を乗り出してきたら、調子に乗って話をしてくれるはずだ。

私自身、講演会で聴衆たちが上体を乗り出してきたら「ウケているから、このままの調子で話をしよう」と判断する。

上体を椅子の背もたれに預《あず》けてふんぞり返ったり、塩対応でつまらなそうな顔をしたりすると、相手は「なんだ、話が聞きたいと言ってきた割に興味がなさそうだな」と冷めてしまい、何も話してくれなくなる。

時間を作ってくれた相手への最低限の礼儀として、多少つまらないとしても、上体を乗り出して最後まで聞くことだ。

4つ目は、**適度に相槌《あいづち》を打ちながら聞くこと。**

聞き上手になり、いい話を引き出すには、要所要所で「なるほど」「恐れ入りました」「感動しました」「それからどうなったんですか?」といった相槌を打つことが大切だ。合いの手が入ると、相手は乗ってくる。

ところが、せっかくの相槌もタイミングを外すと逆効果になる。いいタイミングで相槌が打てるようになるにはコツがいる。その手助けとなるのは、やはり読書なのだ。

本を読みながら著者の考えに深く共鳴したり、面白いと思ったりしたところでは、「なるほど！」「さすが！」と声に出して相槌を打つ。これなら誰にも迷惑をかけず、相槌上手になれる。

最後の5つ目は、**途中で余計な口を挟《はさ》まないこと。**

先方が調子に乗って話してくれているのに、聞き手が口を挟んで邪魔をしてくると、腰を折られて話が続かなくなる。不明な点を確認したり、違う意見を思いついたりして口を挟みたくなったとしても、そこはぐっと我慢してあとにする。

私は仕事で相手の話を聞いているときは、途中で一切口を挟まない。自分はいま聞き手に徹するべきだという職業意識があるから、相手の言うことを1つ残らず飲み込んでしまおうという心構えで、上体を乗り出して聞く。

営業でも交渉事でも、相手が話してくれる時間が長くなれば長くなるほど、こちらは有利な状況になる。それだけ多くの情報が取れて、手の内がわかるからだ。

相手の言い分を黙って飲み込んで、咀嚼《そしゃく》と反芻《はんすう》で結晶化できたら、こちらに有利な状況が作り出せる。
営業や交渉のテーブルで、相手の話を黙って飲み込めないのは素人《しろうと》である。

小説を読めば楽しみながら考える力が培われる

これからのビジネスパーソンに求められるのは、「考える力」を伸ばすことに尽きる。

AI時代になっても、考える力の市場価値は上がる一方で下がりはしない。
むしろAI時代になると、人間らしい考えが導き出せる能力の市場価値はうなぎ上りになる。

考える力を伸ばす方法には、ハードで難しいやり方とソフトで簡単なやり方がある。
ハードなやり方は、真っ向勝負で「論理学」を学ぶことだ。論理学とは哲学の一種であり、人間の思考法を研究する学問である。

論理学を系統立てて学んでいけば、考える力は確実に引き上げられる。ただ哲学科の大学生ならまだしも、社会人が論理学をイチから学んで自家薬籠中《じかやくろうちゅう》のものとするのは難しい。決して不可能ではないが、論理学はちょっと退屈だし、もっと簡単な方法があるのだから、そちらを選んだほうが賢明だ。

もっと簡単な方法、つまりソフトなやり方とは、小説を読むことだ。哲学書が無理なら時代小説の人情ものがいいという話をしたばかりだが、人情ものが苦手なら、小説なら何でも構わない。なぜなら、あらゆる小説は人間について書かれているからだ。

純文学、恋愛小説、歴史小説、ミステリーとスタイルやジャンルは違っていても、小説と名のつく限りにおいて、人間について書かれている。

小説を読むことは、人間の学びに通じる。人間を学ぶことは、考える力を伸ばす近道だ。しかも、退屈で面白みに欠けるきらいがある論理学と違い、小説は楽しみながら学べるのだから、これほど素敵なことはない。

小説を読んでいると、語彙《ごい》力や表現力も豊かになる。すると、読書で刷り込んだ教養や洞察力をアウトプットする際にも有利になる。

考える力を身につけたいからといって、わざわざ小難しい小説を選んで読まなくていい。難しい言葉で書かれた難解な小説が、必ずしも人間について深い洞察がなされているとは限らない。平明《へいめい》な言葉で書かれた読みやすい小説だって、人間について突っ込んで考えさせて、考える力を伸ばすことにつながる。

私の経験上、古今東西を問わず、本当に優れた小説は難解ではなく、読みやすいものと相場は決まっている。

小説のなかでも、最初に手に取るべきなのは和書だ。なぜなら翻訳ものには、考える力を伸ばすうえで2つの障害があるからだ。

1つ目は文化的、社会的な背景が異なるため、人間理解が深まらない恐れがあること。もう1つは翻訳というプロセスを踏むため、著者が本当に伝えたかった細かいニュアンスまで伝わりにくいという点である。

翻訳書の弱点は、おもに後者による。翻訳者だって神様ではないから、著者に憑依《ひょうい》して、外国語を完全な日本語に変換できるとは限らない。

ジャン＝ポール・サルトルという哲学者がいる。彼の小説は日本では難解とされている。私は和訳を読んでピンとこなかったから、試しに英語版で読んでみたら、するする読めたという経験をしたことがある。

サルトルはフランス人だから、原著はもちろんフランス語だ。ところが、フランス語から日本語に翻訳するよりも、フランス語から英語に翻訳するほうがやさしい。なぜならフランス語と英語は、言語構造や文法が似ているからだ。

一説によると英単語のおよそ4割は、11世紀にフランス語を話すノルマン人に征服された影響などにより、フランス語に語源があるともいわれている。言語構造も似ているから、サルトルの日本語訳よりも英語訳を読んだほうがわかりやすいのだろう。

小説ではないけれど、私が敬愛する前述のフロムの哲学に関する著作も、日本語ではなく英語で読んだほうがわかりやすかった。小説も、まずは和書から読むべきだ。

欧米人の考えはキリスト教、ギリシャ哲学、ローマ法に学ぶ

AIによる自動翻訳機能が進化すると、英語ができるだけでは評価されない時代がやってくる。

旅行英語なら、現在でも自動翻訳機能で80％はクリアできるそうだ。2025年にはビジネス英語でも85％はクリアできるようになるという見通しもある。

総務省が管轄する情報通信研究機構（NICT）が開発したスマートフォン用音声翻訳アプリ「ボイストラ」は、AIによるディープラーニングの応用により、英語検定のTOEIC（990点満点）で900点以上を取る人と同等の翻訳力がある。

グローバル化したビジネス環境で欧米人と同等に渡り合うためには、英語というス

キルを学ぶよりも、彼らの考え方のベースとなっている文化を理解するほうが有意義だと私は思っている。

欧米人の考え方のバックグラウンドにあるのは大きく3つ。「キリスト教」「ギリシャ哲学」「ローマ法」である。それぞれについて簡単に解説しておこう。

まずはキリスト教についてだが、欧米人が全員キリスト教徒というわけではない。イギリスの首都ロンドンのサディク・カーン市長はパキスタン系移民2世のイスラム教徒である。これからイスラム教徒は欧米でも増えてくると予測されるが、それでも欧米社会の根っこにあるのはキリスト教である。

キリスト教を学ぶ最良のテキストは、もちろん『聖書』だ。

『聖書』には、『旧約聖書』と『新約聖書』がある。このうち旧約聖書は、元々ヘブライ語で書かれたユダヤ教とキリスト教の聖典であり、新約聖書は元来ギリシャ語で書かれたキリスト教の聖典である。

これらの原典に当たると同時に、理解を深めるためには解説書にも目を通しておきたい。

次はギリシャ哲学。欧米のあらゆる哲学の出発点になっている哲学である。

再三指摘しているように哲学は、人間とは何かを深く知り、どう生きるべきかを考える学問である。人間の真髄《しんずい》は変わらないから、２０００年以上前のギリシャ人たちが考えたことは、現代でも大いに役立つ。ソクラテス、プラトン、アリストテレスといった偉大な哲人たちが記した古典とその解説書には、共感できるところも多い。

これまで述べてきたように、リーダーには哲学が欠かせない。欧米のリーダーは、例外なく哲学を学んでいる。

ひと口に哲学といっても、中身はさまざまである。学者ではないのだから、その全部を学ぶ時間はさすがにない。

だから欧米の哲学のベースとなっているギリシャ哲学に絞って学ぶのが有効なのである。フロムで哲学書に慣れたら、ギリシャ哲学に挑むといい。

追記するなら、日本人の根底にある哲学は、仏教である。

仏教が日本に伝わったのは6世紀のことだ。私は仏教が宗教になったのは、日本では鎌倉時代に親鸞《しんらん》が出てきてからだと考えている。それ以前までの仏教は、宗教というよりも哲学に近い。

前述のように江戸時代には、指導層の多くは朱子学や陽明学といった儒教を学んだが、庶民レベルでは現在に至るまで、仏教は日本人の日常生活から死生観にまで大きな影響を与えている。

欧米人に「日本人を理解するにはどうしたらいいか」と聞かれたら、私は「仏教を学びなさい」とアドバイスしている。

最後はローマ法。これはキリスト教やギリシャ哲学以上に、日本人には馴染みのない分野かもしれない。欧米人は日本人と比べて遥かに法律的に物事を考えるが、その根底にあるのはローマ法なのである。

ローマ法とは、古代ローマや東ローマ帝国が定めた法体系が基礎になっており、ギリシャ哲学と同じくらい長い歴史がある。

ローマ法はドイツ、フランス、イタリア、スペインといった西ヨーロッパ諸国と、日本を始めとする東アジアに広がっているシビル・ロー（大陸法）の基礎になっている。大陸法とは成文法（文章の形をとっている法律）を重視する体系であり、国家の判断をすべて法律によって行う法治主義を取る。

それに対して過去の判例を通じて成立した法体系を重視するのが、イギリスやアメリカに広がっているコモン・ロー（英米法）であり、法の支配である。

法律家ではなくても、ローマ法の基礎と英米法との違いくらいは学んでおくべきだ。ローマ法が頭に入っていると欧米人の理解が深まり、ディベートするときにも突っ込んだコミュニケーションが交わせるようになる。

定年前後こそ古代ギリシャ哲学を読んでみる

どう生きるかは、超高齢化社会を迎えている日本の大きなテーマだ。

日本人の平均寿命は、世界トップクラス。現在の働き盛り世代が定年を迎える頃には、人生１００年時代を迎えている。近頃は定年が延長される傾向にあるが、仮に60歳で定年を迎えるとすれば、あの世からお迎えがくるまで40年もある。

定年後をどう生きるかを教えてくれるのも、やはり哲学なのだ。

時間に制約がないなら、小説でも歴史書でも何を読んでも自由だが、哲学書は定年前後にこそ読むべきものだと私は思っている。

「堀さんは何かというと哲学書をすすめてくるな」と呆《あき》れる読者もいそうだ。

しかし、再三再四指摘するように、哲学は人間と人生を深く探求する学問だから、人間的に円熟して人生経験をたっぷり重ねた定年前後に読むと、新たな発見がある。若い頃に読んだ哲学書をもう一度読んだとしても、得られるものが違う。

自らの人生にピリオドを打つ前に、哲学書を介して人間と人生への自分なりの結論めいたものを出しておきたいものだ。

哲学のなかでも、チャレンジしてみたいのは、やはり古代ギリシャ哲学だ。

そもそもスクール（学校）の語源になっているのは、古代ギリシャ語のスコレー（余暇）という言葉である。古代ギリシャでは、労働は奴隷がするものであり、市民たちにとっては、余暇をどう過ごすかが大きなテーマになっていた。

若いうちから、定年後の暮らしをしていたようなものなのだ。

その余暇を利用して生まれたのが、古代ギリシャ哲学。だからこそ、定年前後に読んでみると、共感できるところも多いに違いない。

定年後の暮らしが長くなると、経済的な心配が大きくなる。

そういうニーズに応えて、経済誌などでは盛んに「定年後に備える」といった類いの特集を組んでいるし、定年者を念頭に置いたアパート・マンション経営や株式投資のハウトゥ本もたくさん出版されている。超低金利時代で、定期預金の類いがまったくといっていいほど利子を生まなくなったことが背景にある。

かといって、読書によって定年後の経済的なゆとりが作れると思うのは間違いだ。経済的な心配をするあまり、慌ててアパート・マンション経営や株式投資の本を読み、指南通りに手を出そうするのは極めて危険である。あえなく失敗して、ニッチもサッチも行かなくなる確率が圧倒的に高い。

もし定年後の生活を支えるためにアパート・マンション経営や株式投資をするなら、遅くとも40代のうちから、コツコツと勉強しておくべきだ。

定年を迎えて生半可に勉強して臨んだり、銀行のファイナンシャルプランナーに相談して投資に取り組んだりしても、銀行側の利潤追求に旨味のある商品を紹介されて、くいものにされるのがオチである。

アパート・マンション経営や株式投資の本の著者の多くは、自己資金を投入してお金を増やすよりも、本を出して印税を手にしたり本業につなげたりするほうが、よほど儲かるという計算が働いているから書いているのだ。

投資に励むよりも、本を書くほうが得意な人の言い分を果たしてどこまで信じたらいいのか。ほとんど信じるに足らないと私は思う。

本書の趣旨からは外れるが、この章の最後に1つだけ私からアドバイスしておこう。**定年後を見据えて株式投資をするなら、優れた部品メーカーの株を少しずつ買っておくことだ。**

株式は資産の値上がりによるキャピタルゲインだけではなく、運用利回りによるインタレストゲインも得られる。その点では長期の資産運用に向いている。定年を迎えてから、慌てて始める類いの投資ではないが、40代からならば長期的な視点で運用できる。

では、どこの企業の株を買ったらいいのか。

日本を代表する大企業というと、多くの人の頭にはトヨタ、ホンダ、ソニーといったナショナルブランドが思い浮かぶだろう。しかし、**これらの大企業よりも優秀な会社が日本にはある。それが部品メーカーなのだ。**

スマートフォンなどのＩＴ機器も、ＥＶ（電気自動車）も、日本の優れた部品メーカーが作る基幹部品が欠けていては組み立てられない。韓国製のスマートフォンも、中国製の電気自動車も、蓋《ふた》を開けてみれば、日本製の部品がたっぷり使われている。

「そう言われても、どの部品メーカーが将来有望かわからない」と嘆《なげ》く人は、正直に申し上げるとビジネスパーソンとしては二流かつ負け組だ。

長らくビジネスパーソンとして仕事に打ち込んでいれば、経済新聞や経済誌を読んだり、『会社四季報』をパラパラとめくったりした経験はあるはずだ。

アンテナをきちんと立てておけば、仕事上のつながりがある情報源からの情報だって入ってくる。それなのに、日本のどの部品メーカーが有望なのかを知らないのだとしたら、危なっかしいから、投資には手を出すべきではない。

第4章

読書力を引き上げるコツ

難しいと感じたら3回読んで理解してみる

私の経験では、良書はだいたい読みやすい。読みやすいからといって良書とは限らないが、良書は読みやすいと相場が決まっている。

哲学書に関しては、古代ギリシャ以来２０００年以上を費やしても、理解し得ない人間という存在を追求するという性質上、良書でも多少は手強いものにならざるを得ない。

それ以外で読みにくい、あるいは難しいと感じる本があるとしたら、そこには２つの理由が考えられる。書き手と読み手の双方に、何らかの問題があるのだ。

最近の書き手は、物事をわかりやすく書く技術が落ちている気がする。

とくに、身近な活字媒体である新聞を読んでいてそれを感じる。昔だったら考えられないような、稚拙《ちせつ》でわけのわからない文章を書く記者が増えてきたのである。

なぜそう感じるかというと、私自身がかつて読売新聞社の記者だったからだ。

その頃の読売新聞の記事は1行15字詰め。１本最長で80行だから、１２００字で書くのが決まりだった。400字詰め原稿用紙で3枚分だ。

実際には1行10字詰めで6行、すなわち1枚に60字しか書けない原稿用紙に書いていた。したがって20枚書くわけである。

新聞記者が記事を書くときには、必ず守るべきポイントがある。それは重要な内容から先に書くということである。新聞では80行の記事が50行に削られる可能性がつねにあるからだ。

新聞はネットと違い、あらかじめスペースが決まっている。社会面、経済面、政治面、国際面、文化面と、カテゴリーごとに決められたスペース内に記事を収めなければならない。そのために記者たちの背後には、整理部という専門部隊が控えている。

締め切りが迫っている中、新しい大事なニュースが飛び込んでくると、その記事を押し込むために、記者が書いた原稿を整理部が切り込み、ピタリと収めてくれる。

その際、整理部は記事の真ん中をカットするようなことはしない。必ず後ろから刈り取っていく。だから、記者はカットされるリスクが低い前半に、絶対に伝えたい事柄を書いておく技術をマスターしている。

新聞で要領を得ない記事を目にする機会が増えてきたのは、こうした基礎的な技術を身につけていない記者が増えてきた証拠だ。

書き手の技術力の低下は、おそらく新聞業界に限った話ではないと思う。ノンフィクションやビジネス書の書き手にも、書く技術が低い人たちが増えてきた結果、いわゆる〝難しい本〟が増えてきたのではないか。私はそう考えている。

本来なら本の書き手は、すべからく文章のプロであるべきだ。本の文章は読み手の頭にスルスルと入ってくるはずなのだが、現実にはそうでないケースも増えてきた。

問題は読み手にもある。おそらくネットの記事に慣れすぎているのだ。

ネットの記事は、じっくり読み込む類いの文章ではない。長さは短く、短時間で更新されてしまう。

プロの書き手が時間をかけて読み解いてもらうために書いた記事はほぼなく、下世話に興味を惹《ひ》くような見出しをつけて、更新スピードを競うように粗製濫造《そせいらんぞう》された記事が大半を占めている。すべてのネット記事を検証したわけではないが、少なくとも私にはそう思える。

こうしたネット上の安易な記事に頭が慣れてしまうと、まともな書き手が書いた本ですら、難しいと感じるようになる。

過去と他人は変えられない、と言われる。書き手の質に関して、読み手は打つ手がない。ならば、読み手が読解力を高める努力をするしかない。

読解力を高めるのに近道はない。愚直《ぐちょく》に読書を繰り返す他ない。

読解力にイマイチ自信が持てないというのなら、本を1回だけ読んで理解しようとするのを、いっそやめることだ。

1回で理解しようとするから難しいと感じる。2回目、3回目で、最終的に理解できたらそれでいい。そう思えたら、書き手の技量不足で読みにくくなっている本だけではなく、哲学書のように本気で難しい本を読むハードルも下がる。

難しいと思える本は、1回目はサッと通読する。理解できないところは迂回《うかい》して前に進み、とにかく最初から最後まで読み通す。

そうやって全体の趣旨が頭に入ってから、2回目の通読に取りかかる。2回目になれば、迂回部分はかなり減ってくる。理解が深まり「そういうことだったのか」と腑に落ちる部分が増える。

2回目になってくると、問題は自らの読解力のレベルが低い点にあったのではなくて、むしろ書き手側のレベルが低い点にあると気がつく場合も多くなる。

3回目になってくると、ほとんど迂回しなくても読み込めるようになる。

ここまでくれば、もはや難しいとは思えないはずだ。同じ本を3回も読むなんて、時間の無駄と思えるかもしれないが、それは違う。

3回読んでいるうちに、誰でも読解力が自然と高まってくる。そうなると書き手がかなり下手な部類の本、あるいは難解な哲学書でも、1回か2回読めば理解できるようになる可能性が高い。

どんな本でも1回で理解できるまでに読解力が高まったら、それだけ読める本が増えるから知識、教養、洞察力の蓄積につながりやすくなる。

本当に難しい本は3回読んで「読破」と言える

私自身は読解力が低いタイプだとは思っていないが、それでも気に入った本を何度も読む習性がある。気になる本は、それこそ3回読むこともある。

ページをめくっているうちに「あ、そういうことか」という気づきが得られる瞬間がある。漫画では登場人物に何かアイデアが閃《ひらめ》くと、頭上にランプが浮かんで光る場面が描かれる。同じように頭の中で、ランプが光った感じがするのだ。

ランプがたくさん光る本ほど新たな発見があり、血肉となる。

頭上のランプが反応しなかった本は、1回読めば終わり。しかし、途中でランプが繰り返し点灯した本は気になり、もう一度読みたくなる。

2度目に読むと、1回目とは違った場所でランプが光る。

本を初めて読むときは、筋を追うのに気を取られてしまいがちだ。読んでいるようで頭に入ってこない部分があり、ランプが光らない箇所が出てくる。

2回目は筋がざっと頭に入っているから、より集中して読み進められる。だから1回目は反応しなかった部分に、ランプが光るのだ。

3回目になると著者の言いたい内容が頭に入っており、そのロジックに沿って読み続けられる。そこへ自らの知見をぶつけると新たな化学反応が起こり、2回目までは無反応だった部分で「あ、そういうことか」とランプが光る。

気になる本を3回読むと「読破した」という大きな充実感が得られる。

「読破」とは辞書的に言うなら、難しい本を始めから終わりまで読み通すことを指す。ここでいう「難しい」とは、哲学書のように書き手も読み手も劣化していないのに、正真正銘に難しい本である。

本物の難しい本は、1回読んだくらいでは理解したことにならない。3回読んで初めて「読破」と言える。そういう気概で読書に臨んでみてはどうだろう。一度試してみると、その効果にびっくりするはずだ。

私は映画やテレビなどの映像作品も、気になるものは録画して何回も観る。その多くは、ノンフィクションやドキュメンタリー作品だ。

しかし、本に比べると映像作品で繰り返し観たいと思うものは、そう多くはない。私は根っからの活字派なのだ。

そもそも、3回読むと3倍の時間がかかって、非効率的に思えるかもしれない。しかし、一度読んだ本を再読すると、1回目よりも短い時間で読み終わる。3回目は2回目よりさらに短い時間で読み終える。私の経験を踏まえて言うなら、3回読むのは1回読む時間のおそらく2・5倍で済むはずだ。

「1回読むのも大変なのに、時間がなくて3回も読めない」という嘆きの声が聞こえてきそうだが、本当に時間がないのか。

胸に手を当てて、じっと考えてみてほしい。通勤電車でスマホのゲームをしたり、ランチが終わってからもスマホをいじったり、帰宅したらさして興味もないテレビを時間潰しに観たりしていないか。あえて息抜きにするのはいいだろうが、そういう行動が単なる惰性《だせい》になっている人も多いのではないか。
そうしたすき間時間を有効に使えば、本を読む時間はきっと作り出せる。読書はいつでもどこでもできるから、すき間時間は有効活用しやすい。

3回読んで読破すべき本は、そう多くはない。

野球のバッターは打率3割で一流とされる。読書でも10冊のうち3冊も読破すべき本に出合えるとしたら相当の達人である。

常人では、3回読むべき本に巡り合うのは、せいぜい10冊に1冊くらいの割合にとどまる。「同じ本を3回も読む時間はない」と初めから尻込みしなくてもいいのだ。

読み飛ばさずに我慢強く読むと読解力が深まる

読書の大きな特徴は、読み進めるスピードを自分で自由にコントロールできる点にある。

映画やテレビなどの映像作品を視聴する際は、作り手のスピードに合わせて観るしかない。その点、読書は読み手が主体的にスピードを調節できる。

映像作品と本とでは、情報量が大きく違う。映像作品では豊富な情報量で何から何まで語られているから、視聴者の想像力が入り込むすき間がない。

映像と比べると、本は情報量が少ない。読み手側がイマジネーションを働かせて読まないといけない場面に、次から次へと出くわす。そのたびに想像力を駆使するのだから、読むスピードは、それだけスローダウンする。

世間の評判を呼んだ本が、映画の原作になるケースがある。

たとえば、原作では登場人物が着ている服の色までは記述されていないのに、映画では赤い服を着て出てきたとしよう。本を読むときは「この人はどんな色の服を着ているのだろう」と自分で補って、読む他ない。

ところが映画では、そういう想像力を働かせなくて済むから、作り手側のスピードに合わせて観ても違和感は少ない。

原作を読んでから映画を観ると、失望することも多い。それは自分で補って読んでいた部分と映像化された部分が、必ずしも一致しないからだ。

逆に映画を観てから原作を読むと、映像のイメージが強すぎて想像力を働かせる余地がない。しかし、実際には映画より印象が良いことが多い。

読書を続けていると、想像力が豊かになる。豊かになった想像力で本を読むと、ランプが光る箇所が増える。これも読書のディープラーニング効果を高める。

主体的なスピードコントロール以外にも、受動的に緩急の調整を迫られる局面もある。1冊の本はまさに山あり谷ありで、自分なりに予備知識があってスイスイと読み進められる部分もあれば、読むスピードが落ちる難所もある。

直線道路と曲がりくねった山道で、自動車のスピードが変わるのと同じである。難しい箇所も易しい箇所と同じスピードで読もうとするから、わからなくなって読み飛ばしたくなるのだ。

ハンバーガーのように柔らかい食べ物ばかり食べていると咀嚼力が落ちるように、読み飛ばしがクセになっていると、読解力は一向に伸びない。

堅いものをゆっくり時間をかけて噛んで食べていると咀嚼力が高まるように、難しい部分が理解できるまで粘り強く読んでいると読解力はアップしてくる。

難所に差しかかっても、私は決して読み飛ばさない。読み飛ばして本を理解できるほど、私は器用ではないと思っている。

読み飛ばしが多くて歯抜けのような状態では、本当に読んだとは言えない。ましてや「読破」したという充実感は得られない。読み飛ばしたくなっても、時間をかけて我慢強く読んでいれば、すべての焦点が合って頭に入ってくる瞬間があるのだ。

自分と違う意見の本をあえて読んでみる

変化の激しい時代を生き抜くには、自分の中にブレない軸のようなものがいる。軸がないと、風が吹くたびに揺れ動く柳の枝のように、時代に翻弄《ほんろう》されるだけだ。

ブレない軸とは、言い方を変えると、その人なりの人生哲学に他ならない。

読書も読み方次第では、人生哲学を作り上げられる。その秘訣は、食わず嫌いにならず、できるだけさまざまな背景を持つ著者の本を読むことだ。

好きな著者の本を読むのは、楽しいものだ。その心地良さに安住せず、ときには読んだことがない著者、違う意見を持っている著者の本も読んでみると見識が広がり、教養が深まる。

たとえ「自分には哲学と呼べるものなんてない」と思っているとしても、読書を通して異なる意見に触れているうちに、自らに決して譲れない軸のようなものがあると気づかされる。何事も差異を見つめると発見がある。

読書論から脱線するが、ここで差異について少々思うところを書かせてほしい。

古代ギリシャの哲学者アリストテレスは、こんな言葉を残している。

「等しきものは等しく扱い、等しからざるものは等しからざるように。ただし、その差異に応じて」

これは、私の大好きな言葉だ。

同じものは同じように扱わなければならない。違うものは違うように扱わなければならない。その扱いの差は、違いの程度に応じるべきである。アリストテレスは、それが〝公平の原則〟だと言っている。

公平とは、違うものも、差異の程度に関係なく、等しく同じように扱うことだと勘違いしている人が多い。それが行きすぎてしまうと、子どもの運動会で順位をつけるのは不公平だから、かけっこが速い子どもと遅い子どもが、最後は手と手をつないで並んでゴールするといった茶番劇が生まれる。

これは理想の教育でも何でもない、偽《いつわ》りの教育だ。

アリストテレスが言うように、違いの程度に応じて扱いを変えるのは不公平なことではない。

ビジネスの世界は、実力社会だ。仕事ができる人が高い給料をもらい、できない人の給料が上がらないのは当たり前。それを不公平だと不満に感じる人はいないはずだ。

仕事ができる人とできない人を同じように扱う方が不公平である。運動会で手と手をつないでゴールした子どもたちは、実社会に出て初めて、自分たちが受けてきた教育が偽りだったと気づかされる。

日本社会には「他と同じでいい」という同調圧力で差異を押しつぶし、偽りの公平を追求しようとする傾向が強い。その最たる例が政治である。

国会では、選挙で3分の1の票も取れていない野党が延々と少数意見を述べた挙げ句、議長に詰め寄って議事の進行を邪魔するような愚かな行為が平気で行われている。それは果たして国民のためになり、国益に適《かな》うのか。

国民のためを思い、国益を追求するなら、投票者の半数以上が賛成した政党の意見に従うのが道理だ。少数意見に耳を貸さないのはけしからんというなら、次の選挙を正々堂々と戦って過半数を取ればいい。それが民主主義のあるべき姿である。

差異に応じる公平の原則を履き違えて、少数意見を多数意見と同じように尊重すべきだという考え方が生じるのは、日本の民主主義が血を流さずに得られたからだ。

太平洋戦争では、戦地はもちろん、戦地ではないところでも多くの血が流された。祖国を暴力的な侵略から守るため、愛する家族のため、大東亜共栄圏の理想のため、天皇陛下のため……。戦った目的はさまざまだが、民主主義のために戦い、血を流して死んだ人は、私の知る限り誰一人としていない。

日本の民主主義は、戦後進駐してきたアメリカの意向で、無理矢理押しつけられたものである。憲法だけではない。民主主義そのものが借り物だ。

血を流して勝ち取ったものではないから、誰もありがたいものだと思わないし、大事にしようとは考えない。だから民主主義を勘違いして、差異をわきまえずに、自分の権利や主張を振り回すどうしようもない輩《やから》が出てくる。嘆かわしい話だ。

良書は口コミと目次で巡り合う

話を読書に戻そう。

せっかく読むなら、良書を読みたい。すると、読書の効能は一層高まる。

問題は、どうやって良書に出会うかだ。

もっとも確実な方法は、自分が信頼している人、あるいは尊敬している人から、「この本は面白かったから、ぜひ読んでみて」とすすめてもらうことである。その昔は人生経験が豊富なメンターが周りにいて、読書についてもアドバイスをくれたものだ。

しかし、そうしたメンターはめっきり減ってきた。代わりに良書を選ぶナビゲーターになってくれるのは、アマゾンなどのレビューだ。

私は長年、本を探すときはリアル書店を訪れて、まとめ買いするのが常だった。それが近年では、利便性に負けてネット通販で買う機会が増えた。

私のようなケースも多いのだろう。いまやアマゾンは日本最大の書店である。

そこで頼りになるのは、カスタマーレビューと呼ばれる口コミである。

レビューを読んでいると自分に合っている本なのか、読んで役に立つ内容なのかがある程度まで想像できる。レビューが、いわばメンターの代わりをしてくれる。

なかには、本を売りたい出版社サイドの仕込み的なレビューもあるが、大半はしがらみのない率直な感想だ。不審なレビューは、レビュアーの書き込み履歴をチェックしてみれば容易に排除できる。

タイトルも本選びの決定的なファクターとなる。売れ行きを左右するから、出版社サイドも、あれこれ知恵を絞っている。

タイトルで売れた本の典型は、養老孟司さんの『バカの壁』（２００３年）である。

養老さんは教養が深く、その著作は面白い。

『バカの壁』はタイトルだけで中身のない本ではないけれど、400万部を超える大ベストセラーになったのは、やはりタイトルの力が大きい。

映画の世界でも、洋画のイマイチな原題を秀逸《しゅういつ》なタイトルワークで大ヒットに結びつけた例は数多くある。とくに古典とされる名作に顕著だ。

ジャック・レモンとシャーリー・マクレーンが共演した『アパートの鍵貸します』（1960年）の原題は、素っ気ない『ジ・アパートメント』。ポール・ニューマンとロバート・レッドフォードが主演したアメリカン・ニューシネマの傑作『明日に向かって撃て！』（1969年）の原題は、『ブッチ・キャシディとザ・サンダンス・キッド』。どちらも日本人には響かない。

あるいはフランソワ・トリュフォー監督のヌーヴェルヴァーグの代表作『大人は判ってくれない』（1959年）の原題は、『400発の打撃』ときた。タイトルだけで判断すると観るのが憚《はばか》られる。

いずれにしても原題は決して褒められたものではなく、直訳したタイトルでプロモーションしたら、観客動員数は伸び悩んだに違いない。

これらの映画は、いずれ劣らない内容を誇っているが、日本でのヒットに結びついたのは、原題を超訳した秀逸な日本語タイトルの功績も大きいと言える。

本はタイトルで、どの程度売れ行きが変わるのか。それを試したくて、私もタイトルで戦略的に売ろうとした経験がある。それを私は「ハコサキ作戦」と名づけた。ハコ＝タイトルを先に決めておいて、肝心の中身は、タイトルに合わせて後から考えるという作戦だ。それが『会社が放り出したい人 1億積んでもほしい人』（２００４年）という本である。

結果としては増刷を重ねて3刷か4刷まで伸びた。その後、文庫化したら二十何刷で十数万部まで部数が伸びた。この良好な売れ行きは、「ハコサキ作戦」によるタイトルの力が一役も二役も買っていると思う。

世の中には、タイトルだけで売れているようなベストセラーもある。売れている本の内容が良い本とは限らないから、レビューを参照しながら、タイトルだけに騙されないようにしたい。

リアル書店に足を運ぶ時間の余裕があるなら、タイトルや著者名で気になった本を実際に手に取って、「目次」と「はじめに」を読んでみるのもいい。

まず見てほしいのは、目次である。タイトルは「ハコサキ作戦」で盛っていることも考えられるが、目次にはその本のコンテンツが素直に反映されている。

目次をざっと眺めてみて、自分のアンテナに反応する項目が多くあったら、その本は迷わず〝買い〟である。

大学などで、学校側が授業や講義の内容や進め方をまとめたものを「シラバス」という。本の目次は、そのシラバスのようなものだ。その本に何がどのような順番で書いてあるかが、わかりやすい形で提示されている。

目次に目を通してみると、自分にとって有益な内容が書かれているかどうかは、ある程度予測できる。

目次と合わせて事前に目を通しておきたいのは、本の冒頭に書かれている「はじめに」（もしくは「まえがき」「プロローグ」）である。

不思議なもので「はじめに」は、最初ではなく、著述を終えて最後に書かれるケースも多い。私もそうである。

だから「はじめに」には、その本を書き終わった著者の偽りのない心情が吐露《とろ》されているケースも多い。

したがって「はじめに」にざっと目を通して共感できるようなら、最後まで読み通すことで知見を広げる一助となることが多い。

独身なら年間50冊、結婚しても年間30冊

読書は義務感に駆られてするようなものではない。

義務で本を読んでいる感覚があるのだとしたら、そんな読書は続かない。好きなことと以外は続かないと思ったほうがいい。

読書を好きになれば、年間に何冊読むかといった数値目標を掲げなくて構わない。

ところが、世の中には数値目標があったほうが、モチベーションが高まるというタイプもいる。これはどうやら女性よりも男性に多いようだ。「堀さん、1年にどのくらい本を読めばいいですか？」という質問をしてくるのも、大半は男性である。

あえて数値目標を定めるなら、独身のうちは年間最低50冊、結婚しても年間最低30冊といったところか。

独身時代は、時間はいくらでも自由に作り出せる。毎週1冊読むのは、決して無理な目標ではない。

年間を通してそのペースを遵守《じゅんしゅ》していると、年間最低50冊は簡単に読める。

公共の図書館の貸出期限は、2週間に設定されているところが多い。一度に数冊借

りられるから、図書館の例からも1週間1冊ペースは妥当《だとう》と考えられる。

共働き世帯で子どもができると、子どもが幼いうちは落ち着いて本を読む時間は通勤電車の行き帰りくらいになる。

それでも**教養と洞察力を磨いて超一流に脱皮する準備としては、年間最低30冊は読んでおきたい。月2、3冊だから、決して無理ではない。**それは時代がどう変わっても、サバイブできる能力に結びつき、かけがえのない家族の未来にも深く関わる。

これだけの本を読むのに、どのくらいのコストを要するのか。計算してみよう。

単行本と文庫本を平均して1冊1500円だと仮定する。

年間50冊だとトータル7万5000円。月平均で6250円である。年30冊だとトータル4万5000円。月平均で3750円である。

これはスマホ代と、ほぼ同じだ。年50冊分で大手キャリア3社の基本料金とほぼ同等である。年30冊だと、いわゆる格安スマホの基本料金とほぼ同等になる。

仕事にもプライベートにも、スマホが必須なのはわかる。でも、長い目で見ると、読書はそれ以上に不可欠である。それがスマホ代と同じコストでできるなら、これほど安上がりなことはない。

カバンにいつも文庫本を1、2冊入れておく

地下鉄などの電車に乗りながら、スマホで電子書籍を読んでいる人も増えつつある。私自身は電子書籍をほとんど読まない。電子書籍を否定しているわけではなく、読みたいと思う本が電子化されていないだけだ。

2017年の電子出版市場規模は前年比16・0％増の2215億円。その牽引役《けんいん》になっているのは漫画である。内訳は電子コミックが前年比17・2％増の1711億円であり、電子書籍全体の77％を占めている。文字ベースの電子書籍はわずか290億円で、その他は電子雑誌が214億円となっている。

漫画では教養、洞察力が高まらないとは言わない。でも、電子書籍で漫画を読んでいる時間があったら、紙で漫画以外の本を読むことをすすめる。

活字のみで語られている本のほうが漫画よりも読解力が鍛えられるし、想像力がレベルアップしやすいからだ。

電子書籍の端末のほうがコンパクトで持ち歩きやすいというなら、それもいいが、

文庫本も同じくらい持ち歩きやすい。

私は筋金入りの文庫本ファンである。文庫本のヘビーユーザーであり、カバンにはいつも、文庫本を1、2冊入れている。

文庫本は軽くてコンパクトだから、複数冊でも持ち運びが苦にならない。最近主流になってきた画面サイズ5・5インチのスマホは、重さが150~200gほどある。手元の400ページ前後の文庫本を量ってみるとおよそ200g。ほぼ同じ重さだ。厚みと横幅はスマホよりも文庫本のほうがやや大きいが、許容範囲だ。

欧米のペーパーバックと比べてみると、日本の文庫本は紙質も読みやすさも優れている。ビジネスパーソンがカバンに忍ばせ、すき間時間に読書するには最適である。

それだけではない。単行本で評判が高く、売れ行きが良かったものが文庫化されるケースが大半だから、ある程度、質が保証されており、ハズレが少ないというのも文庫本のメリットである。

新書も文庫本と同じくらいハンディで、コストパフォーマンスも良い。私の好きな歴史や哲学の類いから、物理学や生物学といった理系のテーマまでカバーしており、領域は広い。**雑誌感覚で浅く広く知識を得たいなら新書も悪くない。**

ちなみに世界に冠たる電子書籍大国だったアメリカでは、このところ電子書籍の売上が落ち続けているという。

アメリカの電子書籍は２００８年から10年の3年間で１２６０％、つまり12倍以上も売上を伸ばした。

ゆくゆくは紙の本を買う人はいなくなるのではないかと危惧されたが、その後横這《ば》いになり、下降基調に向かうなど風向きは変わってきた。

風向きが変わった理由には、大手の出版社が価格を自由に決められるようになり、紙の本との価格差がほとんどなくなったこと、タブレット端末のスクリーンを長時間見続けることによる「デジタル疲れ」などがあると考えられている。

アメリカのある言語学者が、アメリカや日本を含む世界の大学生を対象として行ったリサーチによると、「紙の本での読書がもっとも集中できる」と答えた大学生は92％に上ったという。

「デジタルネイティブ」といわれる若者でさえも、電子書籍よりも紙の本を好んでいるのは興味深い。音楽配信が主流になってもアナログレコードの人気が根強いように、ＡＩ時代でも紙の本はしぶとく生き残るに違いない。

「平時の読書法」「戦時の読書法」を会得する

プロ野球では、ストレートが速いだけでは投手として大成しない。スプリットやスライダーといった変化球にも切れが求められる。得意技は、1つだけでは生き残れないのだ。

読書法も、ときと場合に応じて臨機応変に使いこなせてこそ一人前である。具体的には「平時の読書法」と「戦時の読書法」の使い分けが重要になる。

平時の読書法とは、超一流に近づくための教養と洞察力を磨いてくれるような読書である。短期的なゴールを設定しないで、自らの人生とキャリアデザインを豊かに充実させるため、生涯に渡って続けられる。

短期的なゴールはないのだから、焦って速く読もうとしなくていい。飛ばし読みをしないで時間をかけて一字一句を味わいながら読み進める。

本を読んだからといって、1か月とか半年で教養と洞察力がみるみるついてくるわけではない。しかし、1年、2年、3年、5年と平時の読書法を続けていると、あるときに「累積経験値」が閾値《いきち》を超える。閾値とは、ある反応を起こすために必要な最低限の刺激を指す。

平時の読書法の蓄積が、どの時点で閾値を超えるのか。それは本人の素養や読んできた本の量と質にも左右されるから、一概には言えない。だが、いずれ誰しもそのときが訪れ、二流が一流へ、一流が超一流へと脱皮する瞬間がやってくる。

これに対して**戦時の読書法とは、入学試験や資格試験のように短期的で明確な目的のある緊急避難的な読書である。**

時間は限られているのだから、目的に沿わない部分、不要だと思った箇所は、さっさと飛ばす。そして、より肝要だと思うページだけを選んで、集中的に深く読み込む。こうしてメリハリをつけて読むのが、戦時の読書法の特徴だ。

私は平時の読書法では速読や飛ばし読みを完全否定しているが、戦時の読書法では状況次第でそれも可としている。

平時の読書法で読み飛ばしをせず、手強い部分もスルーせずに我慢して読んでいるからこそ、総合的な読解力が高まり、戦時の読書法で何が重要で何が取るに足らないかが瞬時にわかり、効率的かつ有効な飛ばし読みができる。

経営コンサルタントも、それまで知らなかった業界を担当する際には、戦時の読書法を強いられる。仮説を立てて問題点を探る前に、担当する業界について予断を持たずに基礎から学ぶのが先決だからだ。

その場合、もちろん1冊では足りない。1冊に絞ると、その書き手のバイアス（偏り）が判断をミスリードさせる恐れがある。**最低3冊の本をピックアップして複眼的に読み、どこかに特定のバイアスがかからないように注意する。**

1冊を舐《な》めるように読み込むよりも、3冊くらいを戦時の読書法に則して読んだほうが下準備はしやすい。もちろん、それで終わるのではなく、読書で得られた基礎知識を踏まえながら、現場で働いている人たちへの徹底的なインタビューを繰り返し、問題のポイントを掘り下げるような作業も欠かせない。

読書のコスパは時間や労力ではなくお金で追求する

平時の読書法のように腰を据えて読書をするのが苦手な人は、効率を重視する。そういう人が好きなのは「コスパ」という言葉だろう。

コスパとは言うまでもなくコストパフォーマンスの略。日本語では「費用対効果」

であり、かけたコストとそれによって得られるリターンを比較したものだ。コストには金銭的なものばかりではなく、時間や労力なども含まれる。

「コスパがいい」とよく言われる。低いコストで高いパフォーマンスが得られるものを指すが、そんなものは世の中に存在しない。

読書に関してもコスパを重視する人は、できるだけ短時間で本を読み、自分に必要な情報や知識を吸収しようとする。コスパを高めるためには、斜め読みや拾い読みもためらいなくやってのける。

本来なら平時の読書法で読むべき本も、戦時の読書法で読んでしまうのだ。

私は効率を追求するのは得意ではないし、仕事でも効率を追い求めたことは、ただの一度もない。時間はいくらかけてもいいから、労力を費やして現場を巡り、情報を的確にキャッチして、本質を捉えたいという思いが強い。

平時の読書法でも戦時の読書法でも、リターンはかけた時間と労力につねに比例している。横着《おうちゃく》するものは絶対に大成しないのである。

斜め読みや拾い読みで、短期的にはコスパがいいと思えたとしても、そこで得たリターンがその場限りで、その先役に立たなかったらコスパは悪くなる。

読書に関してコスパという言葉は、かける時間や労力に使うのではなく、かけるお金に使うのが正しい。読書でコスパを追求するとしたら、やはり文庫本に行き着く。

文庫本はほとんどが1000円未満で買える。前述のように質もある程度保証されているうえ、ハンディで、どこでも手軽に読みやすい。それが理由である。

睡眠時間を削って読書するのは愚の骨頂

「忙しくて本を読む時間がない」と言う人は多い。こういう人は、少なくとも読書が大切だという意識はある。そこから一歩進んで、読みたいのに読む時間がない理由を考えてみてほしい。**私には読書以上に大切な事柄が、そうそうあるとは思えない。**

「仕事が忙しい」という言い訳をよく耳にする。それは、うそではないだろう。日本は、時間あたりの労働生産性も、1人当たりの労働生産性も、先進国の中で最低レベルであり、OECD加盟国35か国中20位前後に低迷している。

コスパを重視すると言いつつ、いつまでもダラダラと仕事をしているのが一因と言える。目の前の仕事はテキパキと片づけて、未来の自分のために読書の時間を作ってほしい。

日本人は、世界一睡眠時間が短いと言われる。その一因も労働生産性が悪すぎてダラダラと仕事していることにある。

ビジネス書のなかには、このただでさえ短い睡眠時間をさらに削って、起きている時間を最大化して、仕事に振り向けようと主張するものもある。

そういうことが、コスパがいいと思い込んでいるのかもしれない。とんでもない間違いである。睡眠は心身を休める最良の時間だ。睡眠時間を削ってしまったら、起きている間のパフォーマンスが高まることはあり得ない。

私自身、1日7時間半から8時間は寝ている。8時間睡眠が確保できないのだとしたら、そんな仕事は辞めてしまったほうがいいくらいに思っている。

睡眠時間を削ってしまうと、脳力は低下する一方だ。集中力が落ちて仕事をこなすのに時間がかかりすぎるから、睡眠時間をさらに削るという悪循環に陥ってしまう。

睡眠時間を削って読書にあてたとしても、脳力が下がった状態では、本を読むスピードも読解力も落ちる。それこそ、コスパが悪いのである。

ビジネスパーソンの場合、通勤時間が長くなるほど、睡眠時間は短くなる傾向があるという。それなら睡眠時間を削らなくても、長い通勤時間を読書の時間にあてるといい。会社の行き帰りで教養と洞察力が高められるのなら、これほどいい話はない。

本の内容を1行に結晶化するクセをつける

読書をもっと有意義なものにするため、本を読むときにぜひ心がけてほしいことがある。**本に書いてある内容を自分なりに要約してみるのだ。読書で考える力をつけて、教養と洞察力を高めるためにも、この要約作業は欠かせない。**

要約は、英語ではいろいろな言い方があるのだが、1つには「クリスタライズ」という。日本語では「結晶化」だ。

本を読みながら、大事だと思うところをメモする。読み返したときにわかりやすいように、ポイントが書いてあるところに付箋《ふせん》を貼ったり、ページの角を折り曲げて栞《しおり》代わりにする「ドッグイア」をするのもいい。

その際、友人から「お前が読んでいたあの本、面白かった？　要するに何が書いてあったの？」と聞かれたら、どう答えるかをイメージしながら考えてみる。

物事の本質を覆い隠している枝葉を取り払いながら、読み進めるといい。そして、章ごとに3～5行、120～150語くらいにまとめる。続いて、それを各章1行20

〜30字まで凝縮してから、最終的にはさらに煎《せん》じ詰めて全体を1〜2行までに結晶化するのだ。

こうすることで、考える力が格段に培われる。考える力とは、言い方を変えると、枝葉末節にとらわれずに物事の本質と真理を見抜く力である。

結晶化した内容に、あっと驚くような大発見はない。どちらかというと面白みに欠けるケースのほうが多い。それは当然であって、本質も真理も、あっと驚くようなものではないのだ。

本質や真理は見つけるのが難しいのに、いざ見つけてみたら「なんだ」と拍子抜けするようなもの。それが本質、真理の特徴といってもいい。

私は経営コンサルタントの現役時代、自他ともに認める本質論者だった。クライアントは「堀さんは、いつも当たり前のことしか言わないね」と呆れたものだが、本質は得てして何の変哲もない。それにコンサルタントに指摘されるまで自分たちのことに気がつかないのは、自分たちは特殊だと勘違いをしているせいでもある。

私に「堀さんは、当たり前のことしか言わない」というクライアントの多くは、「うちの会社、業界は特殊ですから、本質論は通用しません」とうそぶく。

「そうですか。ならば、どこが特殊かご教示ください」とあらためて腰を据えて話を聞いてみると、特殊な側面などほとんどない。

狭い世界に閉じこもり、他の業界を知らないから、勝手に自分たちは特殊だと思い込んでいるのだ。何かにつけて「日本人は特殊だ」という人も似たようなもの。他の世界を知らないだけである。

気に入った本を繰り返し読んでいると、そのたびに違う1～2行に結晶化されるかもしれない。それはそれでいい。本質や真理は1つではない。

日本の学校教育は、正解はつねに1つだけという教え方をする。数学なら確かに答えは1つだが、実社会では数学のように唯一絶対的な正解を求めなくていい。絶対的な正解のないものに、正解を見つけようともがくうちに、考える力は一層磨かれる。

経営コンサルタントは、唯一無二の正解を見つけ出すのが仕事だと誤解されているが、そうとは限らない。ビジネスの世界では、経営環境が変わると正解も変わる。

クライアントに最終的な提案をする際にも、「今回は以上のようにAという結論になりました。しかし前提条件が変わると、AではなくBという結論が妥当になるケースもあります」という言い方を私たちはする。

別に逃げ道を作っているわけではない。経営環境が変われば、結論が変わるのは至極当然なのだ。

本質を理解していれば結論は短くなる

経営コンサルタントには、100ページの最終報告書を書いてくる人もいれば、20ページくらいに短くまとめる人もいる。その差はどこからくるのか。

繰り返すが、本質というのはつねにシンプルだ。結晶化のクセがついて、クライアントが抱えている問題の本質を十全に理解して、提案書を書こうとしたら短くなる。

提案書が短いコンサルタントが必ずしも優秀とは限らないが、優秀なコンサルタントの提案書は得てして短い。現役時代の私が作っていた提案書は、短いとたった6ページ、長くても30ページが上限だった。

コンサルタント料が1案件1億円だとしよう。仮に提案書が20ページだったとすると、単純計算で1枚500万円ということになる。

だから最終的なプレゼンの場で、課長や部長クラスは「1枚500万円とは大したものですね」といった皮肉を言ってくることがある。

「わかってないな」と私は思いながらも、「これは1枚ずつ独立しているわけではありません。数珠つなぎになった提案書の全体に価値があり、そこで示している解決策の対価が1億円とご理解ください」といった説明をする。

そういう皮肉をつい口にしてしまう人たちは、核心をとことん掘り下げるという習慣がない。ひょっとしたら、読書が苦手な一・五流止まりの人材なのかもしれない。

経営のトップクラスになると超一流だから、さすがにそんな軽口をたたいてはこない。逆にプレゼンが始まる前から、「堀さん、要するに何が問題で、どうすればいいんですか？」と単刀直入に尋ねてくる人もいる。

提案書は短いほどいい。それは事実だ。でも、さすがに1億円を超えるような案件になると、問題の核心はひと言で言えるような単純なものではない。だから提案書が必要なのである。

結論を急ぎすぎる経営トップには、「まずはプレゼンを聞いてください。それから話をしましょう」と返答したものである。

かといって提案書の冒頭でいきなり結論を述べてしまうと、クライアント側には不満そうな顔をする人が多い。初めから結論ありき、予断に満ちた提案書ではないのかと疑われてしまうのである。

多少回りくどくてつまらなくても、演繹《えんえき》的に起承転結を守って提案したほうが、日本のクライアントは満足してくれることが多い。

私の経験では、これは日本企業に特有の現象である。日本人は根っこの部分では極めて正直かつ真面目であり、変則的なプレゼンを好まない。提案する側にしてみると、学者の論文発表のようで、聞いているほうもつまらないだろうと心配になるのだが、肌に合わないスタイルをこちらが押しつけても仕方ない。

クライアントが欧米企業の場合には、帰納《きのう》的に「転↓結↓起↓承」という具合に結論を先に持ってくるようなプレゼンをするケースが多かった。

欧米人はまどろっこしい話をカットして、結論を早く知りたがる。早く結論を知ったうえで、それを踏まえて議論を深めたいと考えるからである。

コンサルタントのプレゼンに対する日本人と欧米人の反応の差は、おそらく基礎的な素地の差を反映している。

日本では、経営コンサルタントと対峙《たいじ》する企業の経営企画部で働くビジネスパーソンは、大学を出て何年か実務経験を積んだという人が多い。こう言っては失礼だが、要するに経営分析に関しては限りなく素人に近い。

経営分析のプロであるコンサルタントが作った提案書を深く理解するには、マネジメントに関する知識・知見が不足しており、起承転結で順番に話を聞いてみないと理解しにくいのだ。

欧米企業で経営企画部にいるようなビジネスパーソンは、ハーバードのようなビジネススクールで経営学を専門的に学んでいる。

彼らはマネジメントに関する知識・知見の蓄積があるから、起承転結で長々とプレゼンされなくても、提案書の意味するところがスッと腑《ふ》に落ちる。

昔に比べると、日本でもビジネススクールで経営学を学んだビジネスパーソンが増えてきた。そろそろ欧米型の帰納的な〝転結起承〟のプレゼンが、受け入れられるような環境が整ってきているのだとしたら歓迎すべきだ。

読書でアウトプットが磨かれる

読書をしながら本の内容を短く結晶化するクセをつけていると、インプットした内容のアウトプットが上手になる。それによって欠かせないビジネススキルであるディ

ベートやプレゼンテーションの能力が高まる。

アウトプットが不得手な人は、上司や先輩などから「お前のメールは長い」「話が長い」「結論から先に話せ」などと指摘された経験があるだろう。それはエッセンスを理解しないままに伝えようとしているために起こる。

私のメールは短い。結晶化した言葉だけでコミュニケーションする習慣がついているからだ。

スピードと確実性が重視されるビジネスの世界では、物事の核心を的確にアウトプットできない人材は評価されない。

会議を開くと、そのたびに分厚いプレゼン資料を用意する人もいる。私の経験上、こういう人は優秀とは言えない。プレゼンシートを何枚も作る作業は、達成感を伴う。だが、早く結論が知りたい聞き手の立場に立つと、長くても3枚、できたら1枚でプレゼンシートをまとめるべきだ。

プレゼンのハウトゥ本を読んで、つけ焼刃のスキルを身につけようとしても意味はない。それよりも、本の内容を結晶化する意識で読書をするほうが、何倍もアウトプットが上手になる。

どんなに教養と洞察力があっても、それをうちに秘めたままで表現しなかったら、存在しないのと同じである。インプットと同じくらい、アウトプットも重要なのだ。

詰め込み型といわれる日本の教育は、伝統的にインプット偏重である。

教科書に書いてある事柄、先生の語った内容を微に入り細をうがち記憶して、それを全部覚えているかどうかをテストで何度も確認する。基本的には小学校から大学までの16年間、この繰り返しである。

しかし、実社会では、インプットよりもアウトプットが重視される。言い換えるならば、読むことよりも話すことのほうが要求されるのだ。

「ちょっと待って堀さん、読書が大切だと散々言っておきながら、いまさら話すほうが大事だなんて……」と心配しないでほしい。

読書=読むことは、自分自身を高める至高の手段である。読書を通じたインプットがなかったら、アウトプットはおぼつかない。ない袖は振れないのである。

どんなにコミュニケーションスキルを磨いてみても、伝える中身が空っぽでは誰からも評価されない。

逆に読書で磨いた教養と洞察力があれば、多少伝え方が拙《つたな》くても、人は耳を傾けてくれる。

欧米社会では、インプットだけではなくアウトプットも重視する。学校教育の現場でも人前で話す、伝えるというトレーニングを日常的に行っている。

夏休みになると、日本の学校は宿題をどっさり出す。だが、人前でアウトプットする機会は与えられない。

アメリカでは夏休みが終わると、「夏休みの楽しかった思い出を3分間でプレゼンしてみよう」といった授業が盛んに行われる。そうした体験を積み重ねて場数を踏んでいるうちに、話し方、伝え方は自然に上達していく。

私が留学したハーバード・ビジネススクールは学生を評価する際、100点満点のうちペーパーテストの成績は半分の50点にすぎない。残り半分の50点は、授業中の発言で評価する。

たとえペーパーテストがノーミスの満点でも、授業中に何も発言や質問をしなかったら落第する。だから授業中は、先生と学生、あるいは学生同士が意見を盛んに戦わせて白熱する。

日本の大学のように授業は代返で済ませ、テスト前に勉強熱心な友人のノートを借りてコピーして、及第点を取ればOKという訳にはいかないのである。

「話し下手です」との前置きは教養がない

同調圧力が強くハイコンテクストな日本社会では、忖度《そんたく》したり、空気を読んだりするのが半ば常識になっている。官僚も政治家も、忖度できないと出世は望めない。日本のようなハイコンテクスト社会では、言語化しなくても以心伝心での意思疎通が可能であり、阿吽の呼吸で何となくコミュニケーションが取れる。

アメリカに代表されるローコンテクスト社会の欧米諸国には、忖度も阿吽の呼吸も通用しないから、言語に変えて積極的にアウトプットする他ない。だから幼少期から、アウトプットを重視する教育が行われている。

すでに指摘したように、これからの日本でもグローバル化が進むと、ローコンテクスト社会に近づいていく。読書などを介して、インプットしたことをわかりやすくアウトプットする習慣をつけておくことは、いずれさらに求められるようになる。

日本では「私は話し下手なんです」と前置きをする人が多い。話し方が教養の一部だとするなら、「私には教養がない」とあからさまに告白しているようなものだ。

本人は謙遜《けんそん》しているつもりでも、話し下手だと開き直るのは、聞き手に対して大変失礼なことでもある。ビジネスパーソンの基礎的な嗜《たしな》みの1つとして、聞き手が興味を持ち、退屈しない話し方を覚えておくべきなのだ。

大勢の前で話すことに、最初から長けている人間なんて滅多にいない。単にインプット偏重でアウトプットをする機会が極端に少ないだけだ。

場数を踏んでいるうちに、トレーニング効果が出て必ず上達してくる。

第5章

読書こそが私という人間を作ってくれた

［私の読書遍歴①］イギリスでの小学校時代

つくづく思う。私の人生は初めからいまに至るまで活字と読書が作ってきた。

私は小学校1年生の夏、両親と2人の妹とともにイギリス・ロンドンに移り住んだ。父親が外交官だったからだ。

太平洋戦争で無条件降伏を受け入れて敗戦国となった日本は、1952年4月28日発効のサンフランシスコ講和条約で国際社会に復帰する。そのときの首相である吉田茂が、旧ソ連などの共産主義諸国を除く、世界48か国と国交を回復した。

国交が回復すると同時に外交は始まる。国交を交わした諸国に大使館を開く運びとなり、私の父は駐ロンドンの大使館員として赴任する。立場は三等書記官。これは偉くないほうから数えて2番目だ。ありていに言うなら、下っ端である。

その頃のイギリスに住んでいる日本人は数えるほどだった。現在ではイギリス全土に6万8000人の日本人が住んでいるそうだが、私たち家族がイギリスに移住した1950年代前半は、イギリス全土で日本人は30人ほどだった。そのなかに私たち家族5人が含まれていたのである。

残り25人のうち2人は留学生であり、1人はオックスフォード大学、もう1人はケンブリッジ大学の学生だった。あとは日本大使館の職員と家族。商社マンも銀行マンも、まだいなかった。そういう時代だった。

小学校1年生だった私は、イギリスの学校に通わなければならない。父は何を思ったか、私をとあるロンドンの私立小学校に入れた。その学校がとんでもないところだった。

1年生から6年生まで、全校で生徒数は80人ほど。1学年に換算するなら12、13人にすぎない。日本の小学校の1クラスよりも、かなり少ない。

人数が少ないから校舎も小さい。校舎というより、大きめの個人のお屋敷といった表現がぴったりくる。もちろん日本のお屋敷と比べると、何もかも立派だった。扉は分厚く重く、子どもが押してもなかなか開かないほどだった。

そこは、単なる私立小学校ではなかった。

厳然たる階級社会のイギリスでは、支配階級はオックスフォード大学かケンブリッジ大学の二大名門大学に進むのが常である。そこへ入るためには、イートンもしくはハローという、これまた超名門の中高一貫校を卒業しなくてはならない。私が通わされたのは、こともあろうか、そのイートンやハローに入るための英才教育を行う小学校だった。

そこでは、びっくりするような英才教育が行われていた。

語学だけでも、科目が4つある。イギリス人の母国語である英語に加えて、フランス語、ギリシャ語、それに誰も話していないラテン語をいっぺんに教わる。

これには完全にまいった。私はごくごく普通の日本人の小学生である。英語ですらわからないのに、その英語でフランス語やギリシャ語やラテン語を教わってもわかるはずがない。

わからない言葉で、わからない言葉を習う。これは二重苦を通り越して悪夢だった。

うちに遊びにやってくる父の同僚外交官に語学を教わろうと試みたのだが、彼らもフランス語さえおぼつかなく、ギリシャ語やラテン語はお手上げだった。イギリス駐在の外交官だから、英語さえ話せれば問題はないのである。

私が唯一得意だったのは算数。算数は記号と数字だけの世界だから、英語がわからなくても問題が解けた。言葉、ひいては読書の重要性が骨身に沁《し》みたのは、イギリス時代の苦い思い出が出発点になっている。

［私の読書遍歴②］教駒時代

父の任期が無事終わって、家族で帰国すると、私はまたもや私立の小学校に入れられた。東京・九段に「暁星」という私立の幼小中高一貫男子校がある。その小学校に編入したのだ。

暁星では、小学校からフランス語を教えている。なぜなら暁星という学校は、フランス人のカトリック宣教師が作ったからだ。そこでも私は、ある事件を引き起こす。指名されて私がフランス語の授業で教科書を読んでいると、指名した日本人のフランス語教師の顔色がみるみる変わった。

「なんだ、その読み方は！　ふざけるにもほどがある。お前は先生を侮辱するのか！」

一体何が起こったのか、私は理解できない。こちらはきょとんとしているのに、相手は額に青筋を立てて怒っている。挙げ句に私は、その教師から「廊下に立っていなさい！」と3時間も教室を追い出されてしまった。いまなら完全なパワハラである。

あらためて考えてみると、私がイギリスの私立小学校で知らないうちに身につけたイギリス風のフランス語が気に食わなかったのだろう。たかだか子どもの発音のクセに、そこまで激高して3時間も廊下に立たせるなんて、教師失格どころか人間失格だ。

でも、私は「なぜイギリス風に読むかという理由を考えもせず、頭ごなしに怒っている人間に何を言っても無駄だ」と冷静に考えていた。


その後、私は暁星小学校から目黒区の公立小学校へ転校した。理由はフランス語教師のパワハラではない。担任の先生と〝神学論争〟を戦わせた結果である。

暁星小学校は前述のようにカトリックの学校で、担任の先生は神父さんだった。彼は、私のイギリス風のフランス語にいきり立った教師と違い、立派な人格者だった。でも、ある授業中、彼は「犬に魂はない。魂があるのは、人間だけである」と厳《おごそ》かに宣言した。

私は動物、なかでも犬が大好きだった。可愛がっていた犬と私とは、魂が通じ合っていると思っていた。

呼べば返事をするし、喜怒哀楽だって感じられる。そんな犬に魂がないわけがない。そう私は懸命に主張した。神父さんは立場上、一歩も引かなかった。

そのやり取りの後、私は父親に暁星小学校を辞めたいと懇願した。父は黙って私の要望を受け入れてくれた。

私は暁星から転入した目黒の区立小学校から東京教育大学附属駒場中学校を受験して、合格した。この学校は国立の中高一貫校で、その頃は略して「教駒」と呼ばれていた。後に東京教育大学が筑波大学となったので、現在では「筑駒」と呼ばれている。私が通っていた区立小学校から「教駒」に合格したのは、私が初めてだったそうだ。周りの大人たち、わけても先生方が感激していたのを、ぼんやり覚えている。

この教駒は大人たちが合格に浮かれるほどの評判とは異なり、誰も勉強しない学校だった。中高一貫校だから、大学受験に備える高校3年まで真剣に勉強しなくても済んだのだ。中学から高校へ上がる際に一応試験はあるけれど、そこで落ちた生徒は歴史上誰もいなかった。

代わりに教駒はとにかく学校行事が多かった。4月は合宿、5月は田植え、7月には臨海学校、9月は音楽祭、10月は稲刈りと運動会、11月は文化祭、12月はスキー合宿といった具合である。

行事が目白押しだから、勉強をしたくても時間がないというのが現実だった。

行事でいくら忙しくても、私は勉強はともかく読書だけは怠らなかった。私が人生

でもっとも本を読んでいたのは、教駒の時代である。

その頃、父は海外に赴任しており、私以外の家族は父と行動をともにしていた。日本に1人残された私は、同じような境遇の子どもを集めた外務省の子弟寮で暮らしていた。外交官を両親に持つ子弟たちのために、外務省は「霞友学寮」という名前の子弟寮を運営していたのだ。

子弟寮では、六畳一間の個室が与えられた。その頃、インターネットは影も形もないし、個室にはテレビもない。寮に「テレビ室」という場所はあったが、その頃からテレビが好きではなかった私は、テレビ室にはあまり寄りつかなかった。

学校を終えて寮に戻っても他の家族はいないから、ひとりぼっちですごすしかない。**孤独な時間を埋めてくれたのが読書だった。**

中学生のうちから中高共同の図書館に入り浸り、片っ端から本を借りて読み漁《あさ》る日々が続いた。図書室のライブラリアン（司書）からは、「堀くんくらい図書館に毎日くる学生はいない」と半ば呆れられたくらいだ。年に200冊くらいは読んでいた。

学校の1つ先輩には現日本銀行総裁の黒田東彦《はるひこ》さんがいる。週刊誌で「黒田さんは図書館の本をすべて読み尽くした」と書いてある記事を目にしたこともあるが、私は黒田さんの何倍もの頻度で図書館に通っていたという自負がある。その証拠に、図書館の貸し出しノートの履歴は、私が誰よりも圧倒的に多かった。

学生時代の私は乱読だった。日本の小説から始まり、ライブラリアンの導きもあり、海外の小説、心理学、歴史物、進化論などの生物学、哲学と読書の幅を広げていった。

私はいまでも乱読を否定しない。**読書というのはおかしなもので、量が質を補うという側面がある。中途半端な量では、質は補えないが、圧倒的な読書量は質を補って余りある。**教駒時代の乱読体験は、知識を熟成して教養を高め、私という人間の土台を作ってくれた。

［私の読書遍歴③］東大時代

教駒時代、読書に没頭しているうちに、私は物書きになりたいと漠然と思うようになっていた。小説家か脚本家になりたかったのだ。

物書きになるには、人間そのものを知らなければならない。そう思った私は、京都大学文学部でインド哲学を勉強したいと願うようになった。本書で私が折に触れて哲学を学ぶ重要性を強調しているのは、この頃の熱い思いも反映している。

文学部なら東京大学にもある。だが、古の都である京都に暮らして、古い寺社仏閣などを見て回って勉強しながら教養を深め、物書きを目指すというプランはこの上なく素敵に思えた。まだ子どもだったのだろう。法律や経済は、実利を追求するだけの世俗的な学問に思えて仕方なかった。

その純粋無垢な思いは、高校時代の担任教師に阻止された。

私の成績ならば、東大でも余裕で通る。そんな学生がわざわざ〝格下〟の京大に行く必要はない。そう考えた彼は「お前がもし東大ではなく京大を受けるというならば、内申書は書かない」と冷酷に宣告したのである。

内申書を書いてもらえないなら、大検（大学入試資格検定）を受けて、受験資格を得るという手もある。しかし、大検を受けていたら入学が1年遅れになってしまう。反抗心の強い生徒なら、担任教師がどう言おうが、何が何でも我を通すに違いない。だが、私はこういう場合、周囲の人の立場や気持ちを考えてしまうところがある。これは人生で最初の大きな失敗だった。

この性格が災いして、その後の人生の岐路でも何度か回り道をすることになる。

こうして私は志望校の京大を諦めて、東大へ入学する運びとなった。

そして、東大に入ってからも、乱読の傾向は変わらなかった。

入学したのは文科一類、要するに法学部だ。東大の学生は文科系も理科系も、初めの2年間は目黒区駒場にある教養学部（旧制の一高）に入れられる。

教養学部とは文字通り、学問の礎となる教養を学ぶところだ。しかし、私は東大の教授たちから教養を学んだ記憶はない。

教養とは他人から一方的に授かるものではない。自らの頭で考えて悩み、苦悩しながらものにするものだ。私はおそらく熱心な大学生ではなかったのだろう。教養学部の授業は、どれも面白くなかった。

それどころか、かなりの科目は高校時代に習ったことの復習にすぎなかった。

だから高校時代と同じように、**あり余る時間を読書に費やしていた。**当時の教授たちには悪いが、**真面目に大学の授業に出てノートを取っているよりも、読書をしていたほうが教養は身についたような気がしている。**少なくとも、授業よりよほど面白かった。

法学部に進んでからも、私は文学部の学生のような読み方をしていた。芥川龍之介や森鷗外といった日本の古典文学から、サルトルのような哲学書まで、気になる本を手にしては読んでいた。

国内外を問わず、基本的には古典というカテゴリーに入る本を好んで読む傾向が強かった。法律の関連本はほとんど読まず、文学書や哲学書ばかり読んでいたのだから、思い返すとよく落第しなかったものだと思う。

「若いうちにどうしてもアメリカを見ておかなければならない」という父親の熱意にほだされて、私は東大時代、１９６６年に21歳でアメリカに1年間留学した。

父自身、ガリオア・エロア資金という奨学金制度を利用して、アメリカのイエール大学で学び、アメリカという国に衝撃を受けて人生観が変わったそうだ。

父は自らが首都ワシントンＤＣに赴任するタイミングだったので、息子にも同じような体験をさせたかったのだ。

私の留学先は、父の赴任先にほど近いところにあるメリーランド州立大学。全学で５万人ほどの学生がいるマンモス大学だ。この1年間の留学は得難い経験となった。

私も父と同じようにアメリカという国に心底衝撃を受けて、こんな国を敵に回して戦争をした日本の愚かさが身に沁みた。

アメリカから戻って1年遅れで東大を卒業する頃、世の中には学生運動の嵐が吹き荒れていた。ゲバ棒を持った過激派があちこちで騒ぎを起こし、安田講堂は占拠されてしまい、とてものんびりと授業をしている場合ではなかったし、そもそも授業は行われなかった。

試験もまともにできないから、論文提出で卒業が認められることになった。そのあおりで通常の3月ではなく、3か月遅れの6月に私は東大を卒業した。

もっとも、論文のほとんどは友人のコピーである。まともに試験が行われていたら、卒業できなかったと思う。

［私の読書遍歴④］読売新聞社時代

私はインド哲学を学びたいと思っていたくらいだから、卒業後は作家のように何か文学に関わる仕事に就きたいという願望を持っていた。

ところが、周りに猛反対された。

「作家になって一時的にうまく行ったとしても、いずれ絶対におまんまの食い上げになる。悪いことは言わないから、やめておけ」というわけだ。

ここでも周囲を立てる性格が災いし、作家になる夢は諦めた。ただ、何とか文学に近い仕事でおまんまの食い上げにならない職業はないかと考えた。

結論は、新聞記者になることだった。

大手新聞社なら収入は安定している。ならば朝日新聞がいいと思った。親しくしていた同級生の親父が朝日新聞の政治部長だったからコネが使えそうだったし、私たち家族もずっと朝日新聞を購読していて馴染みがあったからだ。

朝日新聞に入ることになりそうだ。そう報告しようと、私は年上の親友である与謝野馨《かおる》さんに連絡を取った。彼は政治家を志して後の首相・中曽根康弘さんの秘書を務めていたから、私は中曽根事務所を訪れた（彼と私との関わりについては後述する）。

中曽根事務所で「新聞記者になります。朝日から内定がもらえそうなんです」と与謝野さんに話していると、事務所に出入りしている新聞記者らしい男がつかつかとやってきた。

そして「お前はイチョウのマークをつけているが、東大生か？」とぶしつけに尋ねてくる。就職活動のために学生服を着ていた私の詰め襟《えり》に、東大のシンボルであるイチョウの徽章がついているのを目ざとく見つけたのである。

この新聞記者こそ、後に「ナベツネ」の通称で知られる渡邉恒雄さんだ。後年、読売新聞社グループ本社代表取締役主筆を務める大物である。

そうとは知らない私が「はい、東大生です。朝日新聞に入ろうと思っています」と素直に答えると、「バカやろう！　朝日なんか最低だ。そのうち誰も朝日なんて読まなくなる。これからは読売の時代だ」とまくしたてる。

その場では、彼の言い分を黙って聞いていた。「読売には変な男がいるな」と思って子弟寮に戻ると、なんと中曽根さんから直接電話が入り、翌日事務所に呼び出されてしまった。仕方なく事務所を再び訪ねると、中曽根さんとナベツネさんが2人がかりで私の説得にかかる。

ナベツネさんは「朝日に行くなら、この業界では生きていけないようにしてやる」と脅迫してくるし、中曽根さんは「彼は実力者だよ。堀君、ここまで言われるのは男を見込まれたということだ。読売へ行ったらどうだね」ととりなす。

2人の説得に応じて、私はしぶしぶ読売新聞に入ることになった。これは人生で2番目の失敗だった。1番目は京大文学部でインド哲学を学ばなかったことである。

実はナベツネさんは、私を男と見込んだわけではなかった。ナベツネさんと、後に日本テレビ社長を務めた氏家齊一郎さんはどちらも東大卒だったが、それに続く東大生が読売には1人も入っていなかった。

それが不満だっただけで、東大生なら誰でも良かったのである。

読売新聞に入った私は、北陸支社で3年8か月を過ごす。念願だった文章に関わる仕事に就いたのに、皮肉なことに読売新聞時代は、極端に読書量が落ちてしまった。北陸支社は、大きなニュースもない。退屈しのぎに先輩たちに誘われては、麻雀に明け暮れていた。

話は脱線するが、新聞記者の麻雀には特徴があった。通常、麻雀は半荘《ハンチャン》単位で遊ぶ。半荘とは、麻雀独自のルールで、前半の東風《トンプウ》戦と後半の南風《ナンプウ》戦で合計8局戦う。だが新聞記者は火事や殺人事件といったニュースが、いつ飛び込んでくるかわからない。すぐに現場に駆けつけられるように、半荘単位ではなく1局ごとに精算するというルールがあったのだ。

麻雀は単なる暇つぶしだが、学びがゼロだったわけではない。麻雀の学びとは「ほとんどあり得ないと思い込んでいることが、現実社会では案外しょっちゅう起こる」という気づきだ。確率論だけで物事を捉えていると痛い目にあう。その教えの正しさは、後にコンサルタントになってからも痛感している。

ナベツネさんは同期入社のなかで、もっとも早く私を東京の本社に戻してくれた。配属されたのは、氏家さんが仕切っていた経済部だった。経済部では兜町記者クラブ、そして旧大蔵省を担当する「財政研究会」という記者クラブに入れてもらった。氏家さんは明るい性格でナイスガイだったが、この記者クラブの連中は、暗い人ばかりだった。典型的なサラリーマンであり、とてもジャーナリストと呼べる人たちではなかった。

この暗さと現実に嫌気が差して、私は読売新聞を辞めたいと思うようになる。

[私の読書遍歴⑤] 三菱商事時代

私が信頼できる先輩記者に「読売を辞めたい」と相談すると、その先輩は素敵な人で、私の再就職先を探してきてくれた。そして、丸紅の常務を紹介してくれた。

丸紅のような総合商社は、〝日本株式会社〟の尖兵《せんぺい》として戦後の高度経済成長を支えてきた。しかし、「ロッキード事件」がきっかけとなり、総合商社には社会的な批判が集まっていた。それを払拭するために、それまではなかった広報部を新設したい。ついてはブンヤ上がりがほしいという話だった。

丸紅入りは半分決まりかけていたのだが、実際私が入ったのは、同じ総合商社の三菱商事だった。朝日に決めていたのに読売に入ったときと同じように、直前になって三菱商事で部長をしていた伯父の紹介で常務と会い、その人格に惚《ほ》れ込んでしまったのである。

直前で丸紅に断りを入れ、三菱商事の世話になると決めた。1973年、私は28歳になっていた。

京大志望だったのに東大に入り、朝日に行くはずだったのが読売になり、今度は丸紅が三菱商事になった。東大も読売も失敗だったが、三度目の正直で、この三菱商事入りは大当たりとなった。三菱商事は噂通りの良い会社で、ここから私の運は開けていったのである。

三菱商事で配属されたのは、新設された広報室だ。部外者に会社をPRするには、会社をよく知らねばならない。中途採用で入ってきた私には、三菱商事は未知の大陸のようなもの。取材を重ねている業界紙の記者のほうが、私の何倍も詳しかった。

広報が会社を知らないのでは話にならない。そこで社史はもちろん、三菱商事が手がける幅広い分野をひと通り知るために読書に励んだ。学生時代からの読書の習慣が、この頃の私を助けてくれた。

たとえば、三菱商事は非鉄金属をさかんに取り扱っている。非鉄金属取引の中心地といえば、イギリスのロンドンにあるＬＭＥ（ロンドン金属取引所）だ。ＬＭＥは、１８８２年に早くもデリバティブ取引の一種である先物取引を開始している。そうした歴史を本で学びながら、非鉄金属全般について知見を広めた。

三菱商事には、羊毛を専門に扱う腕利きのウールバイヤーもいる。彼らは羊毛の一大生産地オーストラリアを年がら年中歩き回り、ウールの競り市に足を運んで良質のウールを探し出す。

その頃は、天皇陛下のセーターを作るためのウールを入札で勝ち取って供給するのが三菱商事の勲章だった。そのためウールバイヤーたちは、血眼《ちまなこ》になって最上級のウールを探し出していた。その一人の先輩が広報室に転属してこられた。

私はウールについてこの先輩から学び、入札がどんなものかを本で学んだ。手頃な本がない場合、担当者や海外駐在員に電話をかけて取材をして、知識と情報を得た。

職場には、得難い読書のメンターもいた。職務上のメンターではなかったが、何かのきっかけで私に興味を持って導いてくれた。

私はそれまで自分が読みたい本を読みたいように読んできたが、そのメンターは、私とは違う視点の持ち主であった。「この本は面白いよ」とすすめてくれる本が、私にとっては少々毛色が変わっているように思えた。

自分では何年経っても読まなかったと思える本に出会い、面白く読めたのは、そのメンターのおかげである。そこから私の読書の幅は、さらに広がっていった。自覚はなかったが、それは教養の深化にもつながったのであった。

［私の読書遍歴⑥］ハーバード時代

三菱商事に入って5、6年経った頃、MBA（経営学修士）取得のため、アメリカのビジネススクール（経営大学院）に社員を社費で留学させる話が持ち上がった。私の同期は300人ほどいたが、そこから5人だけ選抜するというのだ。

期間は2年間。ざっと1000万円の費用は、すべて会社持ちだ。私も候補になったが、中途入社である点で反対する人もいたようだ。「中途入社の者を社費で留学させて、またすぐに辞められたら大損になる」というわけである。

当時の大企業は、いまと違って転職者が珍しかったから、風当たりも強かった。

ところが、そのときの総務部長は、こんな大演説してくれたという。

「堀君は素晴らしい社員だ。将来三菱商事を辞めたとしても、きっと彼は外野から応援団として、三菱商事を未来永劫応援し続ける。なかにいてよし、辞めてよしだ」

この大演説のおかげかどうかはわからないが、私はメンバーに選抜された。

選ばれた5人は、1年間働きながら英語の英才教育を受けて留学の下準備を整えた。翌年6月に渡米して3か月間サマースクールでさらに英語を学び、5人のうち私を含めた2人が、9月からハーバード・ビジネススクールへ入学した。

ハーバードのMBAの授業は、ほとんどが実践的なケーススタディだった。毎日100枚ほどのペーパーを読み、理解しておかないと授業についていけない。もちろん、全部英語で書かれている。

その頃のハーバードでは、日本からの留学生は珍しかった。ほとんどの学生は、アメリカ人だった。

ネイティブで英語がわかる同級生たちと一緒に授業を受けるのだから、いくら英語に心得があるといっても、日本人である私は圧倒的不利に決まっている。

そうした状況を予測していたのだろう。三菱商事で英才教育を受けた際、速読に関する講座もあった。その速読術は、次のようなものであった。
①本もしくはペーパーを目の前で大きく広げる。
②その真ん中に視線を置く。
③視線を真ん中に置いたまま、視野に入っているものを脳に入れるようにする。
こうすると速読できると教えられた。

何度も練習してみたが、少なくとも私には効果が感じられなかった。以来、私は速読法の類いをまったく信じていない。


ハンディキャップを跳ね返すには、怪しげな速読法には頼れない。理解するのに、ネイティブよりも時間がかかるのだから、ネイティブたちより1分でも長く時間をかけて勉強するしかない。

そう腹を括った私は、余暇を削って全編英文のペーパーの解読に取り組んだ。

時間をかけて勉強をしているうちに、長い英文を読みこなすコツのようなものがわかってきた。野球で1000本ノックを受け、守備が上手くなるのと同じ理屈である。

英文の読解は、流れを止めないほうがいい。知らない英単語に出くわすたびに辞書を引いていたら、その流れが中断されてしまう。取るに足らないと思った単語は、意味を確認せずに素通りする。

英文には1パラグラフに1メッセージという厳格なルールがあるから、1パラグラフごとに概略を把握して、次のパラグラフへ進むようにした。そうするうちに、英文読解がどんどん上手くなってきた。

MBAの授業は、1コマ1時間20分。1コマに費やす事前の準備勉強は、約3時間だった。授業は1日3コマだから、授業は計4時間。それに対する準備が計9時間。つまり1日13時間の勉強が必要だったのである。


あるハーバードの教授は、こんな脅迫をしてきた。

「いいか、お前たち。これまで優秀だとか、成績がいいとか褒められてきたかもしれない。だが、ここはシャバではない。天下のハーバードだ。いままでどれだけの人間が落第し、落胆して自殺をしてきたことか。いいか、お前たち。死にたくなければ、毎日授業以外に最低16時間は勉強することだ。わかったな!」

授業が正味4時間。それに16時間勉強すると、合計20時間になってしまう。

ナポレオン並みの3時間睡眠だったとしても、トイレに行ったり、シャワーを浴びたり、食事をしたりしなくてはならない。その脅迫者は、勉強以外に時間を使うなど言っているに等しかった。まるで〝月月火水木金金〟で訓練していた旧日本海軍だ。軍隊に入ったばかりの二等兵が鬼軍曹からしごきを受けて、根性棒で叩かれるような壮絶な日々を、私は2年間送った。休みなしの勉強漬けで、つねに緊張感を強いられる日々は、ネイティブのアメリカ人にも苦しかったようで、神経衰弱になって授業に出てこなくなる学生も珍しくなかった。

そうでなくても、1年間のカリキュラムが終わった時点で成績下位5％は留年ではなく、強制退校の処分が下される。

その先の人生においても、このときほど苦しかった経験はない。よく「若いときの苦労は買ってでもしろ」と言われる。しかし、私はこのときの苦労を自らすすんで買いたいとは、決して思わない。

ハーバードに留学したのは人生第三の大失敗だったと、いまでは思っている。ただし、このときの体験があるから、その後の私の人生があるのだと思っている。

結果的に、私は全学生約８００人のうち、成績がトップ2～3％に入る学生に与えられる「ベーカー・スカラー」（最優秀学生賞）という称号を得た。

ハーバード・ビジネススクールの約80年の歴史上、日本人はおろかアジア人でこの賞をもらったのは、私が最初だったそうだ。その後、ベーカー・スカラーをもらった日本人は、4人ほど出ているらしい。

ハーバードでの2年間に比べたら、辛いことなんて何もない。そう思うと修羅場を修羅場だと思わなくなる。いま振り返ってみると、ネイティブですら逃げ出すような過酷な勉強をあえて課していたのは、ハーバードなりの親心なのかもしれない。

軍隊が二等兵をしごくのは、単なるいじめだけではなかっただろう。戦場という正真正銘の修羅場で死なないためには、過酷な状況に耐えて地力を上げる他ない。ビジネスでも現場はハードだ。天下のハーバードが、能力不足でミッションを達成できないような軟弱な者を世に出すわけにはいかないのだろう。

人間が深く描かれる戦記が教えることは大きい

私は戦記が好きでよく読む。戦記には哲学書同様、人間が深く書かれているからだ。戦争は人と人が殺し合う地獄だ。そこでは命を懸けた真剣勝負が行われている。その模様を記した戦記に、人間が深く描かれる所以《ゆえん》である。人間への学びを深めると、哲学も考える力も得られるから、本書の読者も戦記を手に取ってみてはどうか。

戦記は古代ギリシャのアレキサンダー大王や古代ローマのカエサルの時代のものか

ら、現代の湾岸戦争を描いたものまで数多く出版されている。それぞれが多くの教訓と人間学に満ちている。**なかでも私が読むべきだと思うのは、ベトナム戦争に関するものだ。**

ベトナムは長らくフランスの植民地だった。一時的に旧日本軍の支配に入った後、太平洋戦争後に宗主国フランスと戦って勝利を収め、独立を勝ち取る。

その後、アメリカと旧ソ連が対峙する冷戦を背景として南北に分裂したベトナムでは、旧ソ連と中国に支援された北ベトナムと、アメリカに支援された南ベトナムが激突する。それがベトナム戦争と呼ばれる戦いだ。

旧ソ連と中国に支援されているとはいえ、北ベトナム軍は近代化された装備で武装しているわけではなかった。南ベトナム軍は軟弱だったから、1965年からアメリカが直接介入して北ベトナム軍と対峙する。

空母や戦略爆撃機といった近代的な装備で武装した世界最強のアメリカ軍は、圧倒的に優位なはずである。ところがアメリカ軍は、機関銃とスコップでゲリラ戦を展開した北ベトナム軍の前に敗北を喫《きっ》する。天下無敵のアメリカ軍が、歴史上初めて味わった苦杯である。

なぜ装備に勝るアメリカ軍が、貧弱な北ベトナム軍に敗れたのか。

戦争の勝敗は装備の優劣だけでは決まらない。装備を使いこなすのは生身の人間であり、人間がどういう気持ちで戦うかが勝敗の帰趨《きすう》を決する。

北ベトナム軍の装備は、確かに貧弱だった。しかし、アメリカ軍を打ち破って南北統一を果たして、自分たちの国を作り上げるのだという熱い気持ちと、鉄のような意志を持った兵士たちが最前線で命を張った。

対するアメリカ軍は、装備は極めて優秀で充実していたものの、それを現場で扱う兵士たちの士気はとんでもなく低かった。

太平洋戦争で旧日本軍と戦ったときは、先に真珠湾を爆撃されているので、その頃の北ベトナム軍と同じように自分たちの祖国を守るという高いモチベーションがあった。ところが、北ベトナム軍との戦いは、直接アメリカの存立に影響しない。

アメリカにとってのベトナム戦争は、北ベトナムがベトナムを統一して共産国家が生まれると、ドミノ倒しのように隣国で共産国家が生まれるという冷戦下のドミノ理論によるもの。そんな机上の空論は、最前線で戦う兵士たちの胸には響かない。

一刻も早く国に帰り、恋人や両親に会いたいという及び腰で戦っているのだから、いくら装備が整っていたとしても、愛国心に燃える北ベトナム兵に敵わないのは当然だった。

ベトナム戦争は現代史の分岐点でもある。アメリカ軍は延べ260万人を動員して、6万人近い死者を出した。アメリカがアジアの小国に敗れたという事実のみならず、アメリカ国内でも反戦運動や公民権運動に影響した。

さらに帰還兵の心理的障害が数多く報告されたことから、いまでも大きな問題となっているPTSD（心的外傷後ストレス障害）の研究が進むきっかけとなった。

遠藤聡著『ベトナム戦争を考える』、三野正洋著『わかりやすいベトナム戦争』は一読をおすすめする。

時代を超えて読み継がれるロングセラーは本質を語る

売れる本には、「ベストセラー」と「ロングセラー」がある。

陸上選手に、瞬発力に優れた短距離ランナーと、持久力に優れたマラソンランナーがいるように、出版界でも短期間で爆発的に売れてベストセラーになる本もあれば、地道にコツコツと売れ続けて息の長いロングセラーになる本もある。

ベストセラーもロングセラーも読書の対象になり得る。ただし、どちらか選べと言われたら、私は迷わずロングセラーを選ぶ。

ベストセラーを否定はしない。日本を代表するベストセラー作家である東野圭吾さんや池井戸潤さんの本は、私も好きでよく読んでいる。

でも、1年前のベストセラーを覚えている人が、果たしてどれほどいるだろうか。5年前のベストセラーを挙げろと言われたら、恐らく誰も答えられないのではないか。それはベストセラーが、時流と世相を反映している証だ。逆に言うなら、時流と世相を知るためにベストセラーに目を通しておく意味はある。

一方、ロングセラーは時代を超えて読み継がれる。時流と世相の変化を乗り越えて、風雪に耐える力が備わっている。そこには本質が書かれているからだ。本質は時代と場所が変わっても、決して変わらない。

どんなときも変わらない本質を追求する姿勢は考える力を養う。だから、ベストセラーよりはロングセラーを選ぶべきなのである。

私が愛読しているロングセラーを2冊挙げよう。

1冊は福澤諭吉の『学問のすゝめ』。全部で17編があり、初編が出版されたのは、

1872（明治5）年である。

一説によると300万部も売れたという大ベストセラーであり、現代でも読み継がれているロングセラーでもある。

この本は冒頭の「天は人の上に人を造らず、人の下に人を造らずといへり」という一文がよく知られる。封建主義と儒教の影響下にあったその頃の日本人の常識を覆し、アメリカの独立宣言などからインスパイアされた平等主義を主張したのだ。

『学問のすゝめ』は、日本が欧米並みの民主主義国家へ脱皮するための啓蒙書と考えられているが、私はこの本は学問のすすめではなく「ベンチャーのすすめ」だと捉えている。新しいことをやらないと新しい時代は始まらないと、終始一貫して説いているからだ。

福澤自身が日本初のアントレプレナー、ベンチャー起業家と呼べる存在だった。

彼は慶應義塾大学の創設者として知られるが、他にも日本初の社交クラブである交《こう》詢《じゅんしゃ》社を東京・銀座に作っているし、横浜正金《しょうきん》銀行や丸善の設立にも関わっている。交詢社では、いまでいう異業種交流会が夜な夜な開かれ、日本の近代化に一役買った。

さらに北海道の旭川と稚内のほぼ中間に福澤牧場を作っている。私は、いまでもそこで飲ませてもらった牛乳の味が忘れられない。

もう1冊は、旧日本海軍のエースパイロットであり、空を舞台に零戦でアメリカ軍と戦い続けた撃墜王・坂井三郎さんの『大空のサムライ』である。

この本を私はもう10回以上は読み返している。それでもまったく飽きない。なぜなら、そこには戦場で培われた真理がたんまり描かれているからだ。

坂井さんが撃墜王になれたのは、偶然ではない。彼は普段から努力と創意工夫を怠らなかった。その姿勢は、ビジネスパーソンの心もきっと打つはずだ。

たとえば、出撃前夜、戦友たちが酒保《しゅほ》から放出されたお酒を飲んで緊張感を紛らせているのを尻目に、彼は酒を一切口にしなかった。酔って判断力が落ちるのを嫌ったのだ。

太平洋戦争の戦闘機同士の戦いでは、いかに相手を早く見つけるかが勝敗を分けていた。敵国アメリカの戦闘機はレーダーを積んでいたが、旧日本軍は最後までレーダーを実用レベルでは運用できなかった。

そこで彼は暇さえあれば飛行場に寝転び、遠い空を凝視して視力を高めた。しまいには昼間でも星が見えるようになったという。

坂井さんの本には、時代も国境も超える本質が書かれている。だから『大空のサムライ』は、かつての敵国アメリカを始め、世界中でロングセラーになっている。

旧日本軍の軍人で、敵国だったアメリカで講演をして人気を博したのは、坂井さんと淵田美津雄さんくらいだ。淵田さんは、太平洋戦争の口火を切った真珠湾攻撃の攻撃隊の総隊長だった人物である。戦後キリスト教徒となり、伝道師としてアメリカ国内で布教に努めた。残念ながら、淵田さんは自叙伝を3分の1ほど書いた時点で亡くなってしまった（ノンフィクション作家がまとめた回想記が出版されている）。

飛行機は地上1万メートルの書斎だ

私は、移動中に読書をすることが多い。

とくに飛行機はいい。邪魔されないプライベートな空間があり、飛行機には読書灯まで装備されている。**国内外に飛行機で出張する際は、必ず2、3冊の本を持参して、読書に没頭している。私にとっては、至福の時間である。**

機内でもインターネットが使えるようになり、パソコンを持ち込んでネットサーフィンをしたり、メールをチェックしたりする人も目立つようになった。それでは地上の延長だ。急ぎの案件があるなら仕方ないのかもしれないが、私に言わせれば、飛行機に乗って本を1ページも読まないなんてもったいない。

忙しくて本を読む暇がないと言うのなら、地上1万メートルを飛ぶ非日常的な空間くらいは、日常を忘れて読書の時間にあててみてはどうか。

ちなみに国内では新幹線で移動する機会もあるが、新幹線ではほとんど本を読まない。「堀さんですよね」と声をかけられることがいまだに多く、読書に没頭できないからだ。これればかりは有名税と思って我慢する他ない。


また、私は40歳を境として読書の時間帯が変わってきた。

40歳までは、夜眠る前に本を読むことが多かった。面白いと思ったら、それこそ夜を徹して読み、気がつくと夜が明けていたということもあった。それでも、まだ若いから翌日の仕事には差し障りない。

ところが40歳をすぎると、夜遅くまで読書すると翌日の仕事に響くようになる。体力の回復に時間を要するからだ。1日で復活できたら御の字。下手をすると2、3日は体調が戻らない。そこで**40歳以降は、夜遅くまで読むのをやめてしまった。**

目の疲れもある。一日中仕事をしていると、目に疲れが溜まってくる。40歳をすぎると疲れ目で読書するのは辛いということもあり、夜の読書は控えるようになった。

かといって、朝は読書する時間をなかなか取れない。だから移動中に読書するのだ。

朝は目の疲れがリセットされているから、読書には向いている。**朝型で早起きするのが苦にならない人なら、出社前に読書するのも悪くない。**

私に影響を与えた知の巨人・与謝野馨さん

2017年に亡くなった与謝野馨さんという政治家がいる。

与謝野さんは、1938年生まれで私の7歳年上だ。縁があって親しくさせてもらっていた。私も彼も父親は外交官で、私たちは同じ釜の飯を食った間柄なのだ。

前述のように、父が外国に赴任していた中学・高校時代の私は、日本に1人残されて外務省の子弟寮で暮らしていた。そこで一緒だったのが、同じ境遇の与謝野さんだった。与謝野さんは、茶目っ気のある人だった。

もう時効だから告白しよう。彼はまだ中学生だった私に酒をさかんにすすめた。よせばいいのに私も応じてつい飲んでしまい、へべレケになって二日酔いになり、翌日は学校へ行けなかったこともあった。そんな様子を見て、ニコニコしているような人だった。

与謝野さんと仲良くなったのは、彼もまた読書家だったことが大きい。与謝野さんの父親の秀さんは、歌人の与謝野鉄幹・晶子夫婦の二男である。読書家だったのは、その影響もあったのだろう。

与謝野さんは、私立の名門麻布中学から麻布高校へ進み、私と同じ東京大学文科一類に進学する。彼は全共闘・全学連世代だが、学生運動にはまったく興味を示さず、私と同じように大学の授業に失望し、ひたすら読書に励んでいたそうだ。

与謝野さんは日本原子力発電を経て、母・道子さんの知人だったのが縁で、中曽根康弘さんの秘書となり、その後、政界入りした。

1994年に文部大臣として初入閣してから通商産業大臣、内閣官房長官、内閣府特命担当大臣など大臣を7回務めたが、これは日本記録だ。日本の政治家で、これだけ何度も大臣を務めた人物は、与謝野さんだけである。

総理大臣が代わっても「やはり与謝野さんに大臣を務めてほしい」と思われたのは、大きく2つの理由があると思う。

1つ目は、派閥の色に染まっていなかったことだ。彼は中曽根派に属していたが、派閥政治からは一歩身を引いていた印象が私にはある。

2つ目は、政治家のなかでも圧倒的に見識と教養と洞察力があったことだ。与謝野さんは政策通として知られていたが、それを支えていたのは間違いなく読書だった。

与謝野さんは政治家になってからも、暇さえあれば本を読んでいた。それも好きな文学だけでなく、物理学や天文学などの本も読んでいた。私にも「コウちゃん、物理は面白いよ」などと本をよくすすめてくれたものである。

物理学の本を読んでも、政治家としての仕事に直接的に役立つわけではない。でも、**与謝野さんは役に立つから読む、役に立たないから読まないという即物的な損得勘定で本を読むような皮相な人間ではなかった。**

彼は、私の得難いメンターの1人であった。

おわりに

人生には大切なものが2つある。

1つは友人である。

趣味・嗜好《しこう》が合い、何事も胸襟を開いて忌憚《きたん》なく語り合える友人は、人生を豊かにしてくれる宝物だ。私にとっては与謝野馨さんの他にも、音楽家の三枝成彰さんがそうであり、ヒロセ電機の社長だった故・酒井秀樹さんがそうだった。

利害損得を考えないで付き合える友人が何人いるか。それは、その人間の懐《ふところ》の深さと器の大きさを反映している。ネット社会には数々の問題点が指摘されているが、一方で共通の趣味を持つ人を見つけやすくなったのは、見逃せないメリットだ。

もう1つ大切なのは、「学習歴」である。学歴という言葉があるが、この「学」と「歴」の間に「習」を入れると、「学習歴」という言葉になる。

私は学歴を信じていない。それは、次のような経験があるからだ。

私が創業したドリームインキュベータでは、毎年数人の新卒採用枠に数千人ものエントリーがある。いまは現場を退いているが、かつては私も入社希望者の面接をしていた時期があった。面接では、世間的には名の通った名門高校から名門大学に進み、学歴は申し分なくても、「大学4年間で一体何を学んできたのか？」と問いたくなるような魅力のない人間に大勢出会ってきた。

東大卒、京大卒、ハーバード大卒といった最終学歴がどんなに立派でも、学んで習う習慣を持たない者は伸びないし、魅力もない。

本来は「学歴≠学習歴」であるべきだ。しかし、有名大学に入るだけで満足してしまい、学びを得ないままで卒業した人間は学習歴に乏しい。

感性も知性も人生でもっともみずみずしく、人間としてもっとも成長できる時期に、自分に何も投資しないのは極めて愚かな選択である。

学歴の代わりに私が信じているものこそ、何を学んできたかという学習歴だ。たとえ学歴がないとしても、学習歴が豊かな人は人格的にも優れているし、学んで習うという習慣を忘れないから、ビジネスパーソンとしてだけでなく、1人の人間として成長し続ける。

その学習歴を作ってくれる手段が、読書なのである。

さきほど触れた酒井さんは、多極コネクターで業績を上げて、ヒロセ電機を売上高経常利益率が3割という超優良企業に育て上げた中興《ちゅうこう》の祖である。

彼は東京都立港工業高校（現都立六郷工科高校）の出身で、大学は出ていない。エンジニアとして極めて優秀だった。しかし、それに胡座《あぐら》をかくことなく、読書で経営感覚を徹底的に磨いた。学歴を学習歴が凌駕《りょうが》した好例である。

もう一人親しくさせていただいている経営者で、夜間高校卒の人がいる。カプコンの辻本憲三会長CEOである。

この人はもっとすごい。学歴がないだけではなく、読書もろくにしていない。しかし、大変な本質論者だ。勉強もしないで本質論者になったのだから、これはもう天才、異才、奇才の類いとしか言いようがない。

自分には自慢できる学歴がないと思っている人も多いだろう。しかし、そんなことを思っている暇があったら、寸暇《すんか》を惜しみ、せっせと読書に励むべきだ。

読書で学習歴を積み上げられたら、学歴は気にしなくていい。学歴は一流、超一流へと近づく方法ではない。読書で教養を磨き、洞察力を高めるのが超一流への近道なのである。

若いときから読書習慣をつけるのが理想だが、読書に年齢の壁はない。何歳から読書に目覚めても遅いという話にはならない。

大学を卒業してビジネスパーソンになってから、もう一度大学に入り直して学歴を更新するという方法もある。日本では大学は学生だけが行くところだが、欧米では社会人が大学で学び直して、再び社会に戻るケースは珍しくない。

社会人が就労に活かすために学び直す「リカレント教育」が日本でもようやく注目されるようになってきた。しかし、まだまだ学び直したい社会人を受け入れる土壌が整っているとは言い難い。

ならば、学び直して学歴を更新するのではなく、読書で学習歴を高めるという選択肢を選ぶほうが賢明である。

心から共感できる友人がいて、その友人と読書を介した学習歴を高め合う関係を築けるのが理想である。読者の皆さんにも、これから生涯に渡って読書によって学習歴を高め、豊かな人生を歩んでもらうことを心からお祈りしています。

2019年2月

堀紘一

[著者]
堀 紘一（ほり・こういち）
1945年兵庫県生まれ。東京大学法学部卒業後、読売新聞経済部を経て、73年から三菱商事に勤務。ハーバード・ビジネススクールでMBA with High Distinction（Baker Scholar）を日本人として初めて取得後、ボストンコンサルティンググループで国内外の一流企業の経営戦略策定を支援する。89年より同社代表取締役社長。2000年６月、ベンチャー企業の支援・コンサルティングを行うドリームインキュベータを設立、代表取締役社長に就任。05年9月、同社を東証１部に上場させる。現在、取締役ファウンダーを務める。

できる人の読書術

2019年３月６日　第１刷発行

著　者――――堀 紘一
発行所――――ダイヤモンド社
〒150-8409　東京都渋谷区神宮前6-12-17
http://www.diamond.co.jp/
電話／03･5778･7227（編集）03･5778･7240（販売）
装丁デザイン――井上 新八
本文デザイン――二ノ宮 匡（ニクスインク）
編集協力――――井上 健二
校正―――――鷗来堂
製作進行――――ダイヤモンド・グラフィック社
印刷―――――堀内印刷所（本文）・加藤文明社（カバー）
製本―――――ブックアート
編集担当――――斎藤 順

ISBN 978-4-478-10586-3